Das Buch

Wunder sind keine Zufälle. Tausende von Lesern haben es ausprobiert und festgestellt: »Bei mir funktioniert's!«

Pam Grout hat in ihrem Buch E^2 bewiesen, dass Wunder keine Frage des Glaubens sind, sondern von uns selbst erzeugt werden. Nun gibt es neun weitere Experimente, die uns für die kleinen Wunder des Alltags öffnen und uns zeigen, wie man zu mehr Möglichkeiten, mehr Erfolg und mehr Lebensfreude gelangt durch die Kunst des Wünschens.

E^2+ ist der Folgetitel zum Bestseller E^2 mit neuen weiteren Experimenten, die beweisen, dass Wunder und Glück näher liegen als gedacht.

Die Autorin

Pam Grout ist Weltreisende, Abenteuerin und Autorin zahlreicher Bücher und Artikel darüber, was sie auf ihren Reisen erlebt hat. Sie lebt mit ihrer Tochter in Lawrence, Kansas.

www.pamgrout.com

Von der Autorin in unserem Hause erschienen:

E^2
Atme dich schlank
E^2 – Das Orakel (Kartendeck)

Pam Grout

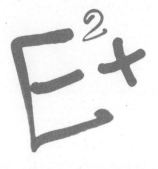

Neue Beweise zum Selbsttesten
Wie Ihre Gedanken die Welt verändern

Aus dem Amerikanischen übersetzt von
Thomas Görden

Ullstein

Besuchen Sie uns im Internet:
www.ullstein-taschenbuch.de

Neuausgabe im Ullstein Taschenbuch
Ullstein Taschenbuch ist ein Verlag der
Ullstein Buchverlage GmbH, Berlin.
1. Auflage April 2016
© für die deutsche Ausgabe by
Ullstein Buchverlage GmbH, Berlin 2015
© für die Originalausgabe E³ by Pam Grout 2014
Umschlaggestaltung: FranklDesign, München
Titelabbildung: Amy Rose Grigoriou
Satz: Keller & Keller GmbH
Gesetzt aus der Minion
Druck und Bindearbeiten:
CPI books GmbH, Leck
Printed in Germany
ISBN 978-3-548-74638-8

Für Spelling Bee Rachael,
deren enormer Geist viel zu weise,
großzügig und fröhlich respektlos
für diese beschränkte physikalische Welt ist.*

* Rachael Marie Sheridan
(28. November 1974 – 24. Februar 2014)

INHALT

Vorwort von Gabrielle Bernstein 9

Einleitung 13

1. TEIL: Bazinga! 17

1. Houston, wir haben ein Problem 18
2. Spanx für unser Gedächtnis 30
3. Na, was dachtest du denn? 44

2. TEIL: Die Experimente 73

Die Vorbereitungen:
Wie Sie die Magie freisetzen können 74

1. Experiment: Das Boogie-Woogie-Korollar
oder Die Wichtigkeit des Unernstes 87
Ohne das gegenteilige kulturelle Training ist Freude
mein natürlicher Zustand

2. Experiment: Das Rote-Pille-Korollar
oder Ein schneller Wiederholungskurs 115
Das Leben geht aus mir hervor

3. Experiment: Das Simon-Cowell-Korollar
oder Warum wir nicht urteilen können 139
Nichts ist absolut. Nur dein Denken macht es dazu

4. Experiment: Das Korollar »Ich bin liebevoll und weiß es«
oder Es gibt »die da draußen« nicht 157
Alle und alles zu lieben bringt dich in Übereinstimmung
mit dem FP

5. Experiment: Das Korollar »Das Geld und ich sind die besten Freunde«
oder Geld ist nicht kompliziert   175
Geld ist einfach nur Energie und spiegelt unsere Überzeugungen wider

6. Experiment: Das Korollar »Natur kontra Massenmedien«
oder Warum wir mehr an die frische Luft gehen sollten   201
Das Feld des unendlichen Potenzials sendet rund um die Uhr

7. Experiment: Das Korollar »Sprich die Zauberworte«
oder Worte sind der Zauberstab, mit dem du dein Leben gestaltest   221
Sobald du aufhörst, schlecht über dein Leben zu reden, können Fülle und Freude zu dir kommen

8. Experiment: Das Placebo-Korollar
oder Was es mit der Beugung der Realität wirklich auf sich hat   241
Die Realität ist fließend, ändert sich ständig und spiegelt uns unsere tiefsten Glaubenssätze wider

9. Experiment: Das Yabba-Dabba-Doo-Korollar
oder Transzendenz ist das Ding, Baby!   257
Das Leben ist wunderbar, und ich kann gar nicht wirklich sterben

Nachwort: **Bonusexperiment Nr. 10:** Korollar »Die Hochzeit in Kana« *oder* Jetzt wird gefeiert!   275

Danksagung   282
Über die Autorin   284

VORWORT

Als selbst ernannte Wunderwirkerin praktiziere ich bei allem, was ich tue, voller Begeisterung die Kraft der positiven Absicht. Als ich auf Pam Grouts Buch E^2 stieß, wusste ich sofort, dass ich da ein wirkliches Geschenk in Händen hielt – das Geschenk, auf wunderbare Weise in meinem Glauben an die Macht des Universums bestärkt zu werden. In einem der Anfangskapitel von E^2 lädt Pam uns dazu ein, ein Experiment auszuprobieren, bei dem wir das Universum um eine Botschaft bitten. Wir sollen während der folgenden achtundvierzig Stunden die Augen dafür aufhalten, welchen kleinen Wink das Universum uns gibt, um uns daran zu erinnern, dass wir immer sicher geführt werden.

Als ich das ausprobierte, erhielt ich meinen Wink vom Universum nach achtunddreißig Stunden. Ich befand mich damals gerade in Toronto, wo ich auf einer der Hay-House-Konferenzen einen Vortrag halten sollte. An diesem Tag hielt ich eine meiner besten Reden! Ich spürte, wie die Energie in der Veranstaltungshalle stark anstieg, und erlebte eine enge Verbundenheit zu den über viertausend Teilnehmern. Unmittelbar nach meinem Vortrag verließ ich die Halle, weil ich schnell meine Sachen zusammenpacken musste, um meinen Flieger nicht zu verpassen. Es war der letzte Konferenztag, und die meisten anderen Redner waren bereits abgereist oder im Aufbruch. Nur drei von uns hielten sich noch in der Lounge auf. Als ich meinen Mantel anzog, nahm ein Mann etwas von einem der Tische und sagte: »Gabby, ich habe das hier gefunden. Ich weiß nicht genau, warum, aber ich glaube, es ist für dich.« Er gab mir einen kleinen Engelsflügel-Talisman, auf dessen Rückseite das Wort *Glaube!* stand.

In diesem Moment wusste ich, dass ich mein kleines Geschenk vom Universum bekommen hatte. Dass es sich ausgerechnet um einen Engelsflügel handelte, bedeutete mir besonders viel, weil ich oft die Anwesenheit von Engeln in meiner Nähe fühle. Und das Universum spricht stets auf eine Weise zu uns, die gemäß unserer Kernglaubenssätze für uns relevant ist. Nicht nur war der Engelsflügel für mich bedeutsam, sondern auch das Wort *Glaube!* hatte eine starke Wirkung auf mich. Als ich diesen Wink vom Universum erhielt, befand ich mich gerade in der ersten Woche nach dem Erscheinen meines neuen Buches. Es fiel mir schwer, fest daran zu glauben, dass alles wie geplant laufen würde. Diese Engel-Botschaft, dass ich glauben sollte, war genau das, was ich brauchte, um darauf zu vertrauen, dass die Dinge sich gut entwickeln würden. Pams Experiment erinnerte mich daran, dass das Universum uns stets zur Hilfe kommt, wenn wir diese Hilfe besonders dringend benötigen.

Auch wenn mir solche Augenblicke wohlvertraut sind, muss ich doch jedes Mal lächeln, wenn es geschieht. Ich habe mein Leben dem Glauben an die Macht unserer Energie und unserer positiven Absichten gewidmet, und ich bin eine langjährige Studentin der Metaphysik und des Gesetzes der Anziehung. Trotzdem passiert es mir manchmal, dass ich vergesse, wie sicher und machtvoll wir geführt werden und wie das Universum immer darauf wartet, dass wir aufmerksam auf seine Botschaften achten. Unsere Arbeit als spirituelle Schülerinnen und Schüler ist eine Reise, auf der wir die Angst verlernen und uns an Wunder erinnern. Und Pam Grout ist die perfekte Lehrerin, um unsere Fähigkeit des Erinnerns zu schärfen.

Was ich an Pam besonders bewundere, ist die große Hingabe, mit der sie Menschen dazu anleitet, ihre Wahrnehmung zu verändern und ihren Glauben zu stärken. Sie ist eine Meisterin der Manifestation und der lebende Beweis für alles, was sie lehrt. In ihrem neuen Buch E^2+ führt sie uns auf eine ganz neue Ebene unserer wunderbaren Manifestationskräfte. Ganz gleich, ob Sie bereits über große Erfahrung auf dem Gebiet der Manifestation verfügen oder ob dies völliges Neuland für Sie ist, E^2+ ist ein Muss, denn es hilft Ihnen wunderbar, Ihren Glauben an die Kraft der positiven Absicht zu stärken. Diese Art zu leben erfordert Übung (die meisten von uns stecken auf so vielfältige und subtile Weise in der Angst fest, dass wir eine Menge verlernen müssen, um an unsere positiven Kräfte zu glauben), und genau das bieten Ihnen E^2+ und Pam. Das Beste daran ist, dass Pams Übungen und Experimente nicht nur äußerst wirkungsvoll sind, sondern sie sind außerdem leicht zu lernen und machen viel Spaß. Wenn wir uns für die natürliche Ordnung oder das Gesetz der Anziehung öffnen, lernen wir, dass wir die Macht besitzen, Mitschöpfer unserer Realität zu sein. Dann wird das Leben wirklich cool! Die Macht unserer Gedanken und Absichten zu nutzen, um uns ein wirklich wunderbares Leben zu erschaffen, ist eine Kunst. Es ist ein aufregendes Abenteuer, uns unsere größte ungenutzte Ressource zu erschließen: unsere Gedanken und unsere Energie.

Der *einzige* Grund dafür, dass Sie sich dieses nie versiegenden Stroms der Segnungen und Wunder nicht bewusst sind, besteht darin, dass Sie am falschen Ort suchen. Es braucht nur ein wenig Bereitschaft und Bewusstheit, dann können erstaunliche Dinge geschehen. Wie Wayne Dyer oft sagt: Man muss es glauben, dann wird man es sehen.

Die Experimente in E^2+ öffnen uns die Augen und zeigen uns einen faszinierenden Weg, wie wir uns darin üben können, den Fluss der Fülle und Synchronizität ständig in Gang zu halten.

Genießen Sie also den Prozess, vertrauen Sie sich Pams Führung an und erwarten Sie Wunder!

Gabrielle Bernstein
Autorin des Bestsellers *Du bist dein Guru*

EINLEITUNG

»Eines Tages gelangst du an den Punkt, wo für dich zweifelsfrei feststeht, dass du nicht in dein altes Leben zurückkannst. Du kannst nicht mehr der Mensch sein, der du früher warst. Du führst ein neues Leben voller neuer Schätze und Wunder.«

Julie McIntyre, Direktorin des
CENTER FOR EARTH RELATIONS

Ehe ich mich ernsthaft dem Studium von Helen Schucmans spirituellem Werk *Ein Kurs in Wundern* widmete, war ich eine Person, der das Wort »Loser« quasi auf die Stirn geschrieben zu sein schien. Damals hatte mein aktueller Freund, der letzte in einer langen Reihe von glücklosen Beziehungen, mich gerade aus dem Haus geworfen, in dem wir im ländlichen Connecticut zusammengewohnt hatten.

Obendrein war ich im siebten Monat schwanger, (offensichtlich) unverheiratet, und hatte nicht die leiseste Ahnung, wie es mit meinem Leben weitergehen sollte. Schlimmer noch: Wir hatten Mitte Juli, und die Klimaanlage des kleinen blauen Toyota, in den ich meine irdischen Besitztümer gestopft hatte, war kaputt. Bei einer Durchschnittstemperatur von 38 Grad Celsius ging ich, dick wie ein Haus, auf Überlandfahrt mit Breckenridge, Colorado, als grober Zielvorgabe.

Es war offensichtlich, dass es mit mir so nicht weitergehen konnte!

In *Ein Kurs in Wundern*, einem Selbstlernprogramm in spiritueller Psychologie, las ich die dreiste Behauptung, ich wäre für den Schiffbruch meines Lebens selbst verantwortlich. Trotzdem beschloss ich, mich diesem Kurs ernsthaft und konsequent zu widmen. Es hieß dort, ich sollte mich einfach von meinen verrückten Fixierungen lösen – meine »Er hat mich mies behandelt«-Blockaden und den ganzen anderen Unsinn darüber, wie es in der Welt angeblich zugeht. Wenn ich das täte, würde ich glücklich werden. Dem *Kurs* zufolge gab es nur einen einzigen Grund dafür, dass ich nicht in einer wunderbaren Liebesbeziehung und angenehmem Wohlstand lebte: mein Bewusstsein, das sich in einem ständigen Alarmzustand befand. Mein gewohnheitsmäßiges Denkmuster besagte, dass die ganze Welt sich gegen mich verschworen hatte.

Das, was im *Kurs in Wundern* gelehrt wurde, stellte, kurz gesagt, das gesamte Fundament meines Lebens infrage.

Dagegen sträubte ich mich zunächst heftig.

Meine Gespräche mit JC und Holy S, wie ich meine *Kurs*-Kameraden nannte, liefen anfangs in etwa folgendermaßen ab:

Ich: »Aber was ist mit meinen vielen Problemen? Ich muss sie analysieren und in Ordnung bringen.«
»Lass sie einfach los«, suggerierte mir der *Kurs*.
Ich: »Aber was ist mit Gut und Böse, Richtig und Falsch?«
»Es bringt nichts, wenn du versuchst, dein eigener Lehrer zu sein«, riet mir der *Kurs* unmissverständlich.
Ich: »Aber ... aber ...«

Langsam, Stück für Stück, gab ich meine alten Glaubenssätze und geistigen Konstrukte auf. Allmählich dämmerte mir, dass ich, wenn ich fähig war, ein solches fortwährendes Desaster zu erschaffen, doch ebenso gut fähig sein musste, mir ein schönes Leben zu erschaffen. Tatsächlich wurde im *Kurs in Wundern* glasklar versprochen: »Perfekter Frieden und perfekte Freude stehen dir von Geburt an zu.« Alles, was ich dafür tun musste, war, meinen Glauben an Verlust und Mangel aufzugeben.

Ich: »Aber das ist so schwierig!«
Der *Kurs*: »Es ist nicht schwierig. Es ist dein natürlicher Zustand. Er unterscheidet sich nur stark von der Art und Weise, wie die meisten Menschen gewohnheitsmäßig denken.«

Durch den Kurs lernte ich außerdem, dass ich gar nicht wirklich dieses große blonde weibliche Wesen bin, das ich täglich im Spiegel erblicke. Die deprimierte schwangere Frau, die in einem blauen Toyota durchs Land fuhr, war bloß eine falsche Identität. Sie war mir von einer Welt anerzogen worden, die Getrenntheit und Beschränkung anbetet.

Und indem ich mich auf mein kleines, ängstliches Ich fixierte, vergaß ich meine Verbundenheit mit dem viel, viel größeren Phänomen, das manche Leute Gott nennen.

Durch diese Fixierung hatte ich mich in einem hinfälligen Körper eingekerkert, der niemals gut genug sein würde, ganz gleich wie viele Gesichtscremes ich benutzte, wie oft ich beim Yoga den herabschauenden Hund übte oder wie viele Wayne-Dyer-Bücher ich las (und ich las eine Menge).

Und genau darum geht es in diesem Buch: Wir werden geistige Konstrukte niederreißen, mit denen wir uns viel zu lange selbst eingekerkert haben. Wir werden unseren Fokus von dem begrenzten Selbst weglenken, das wir im Spiegel sehen, und ihn auf das wunderbare Feld des Potenzials (FP) richten, das es uns ermöglicht, mit Allem-was-ist in Kontakt zu treten.

Ich weiß, dass dieses Buch von den Buchhandlungen in der Kategorie Selbsthilfeliteratur einsortiert werden wird, und das ist okay. Aber, ehrlich gesagt, geht es in E^2+ gerade *nicht* darum, sich selbst zu helfen! Es geht *nicht* darum, dass Sie Ihre eigenen Entscheidungen treffen oder davon ausgehen, selbst am besten zu wissen, was richtig für Sie ist.

Es geht darum, loszulassen, alte geistige Konstrukte aufzugeben und sich völlig jener all-liebenden, allmächtigen Energiekraft anzuvertrauen, die größer, kühner, klüger und, ja, rätselhafter ist als alles, was Sie bisher kannten. Diese Heilige Supermacht ist das Leben selbst. Das Leben, das – ganz egal hinter wie vielen Wällen wir uns verschanzen, ganz egal welche heftigen Bauchlandungen wir produzieren – immer da ist und uns mit offenen Armen empfängt.

1. TEIL

BAZINGA!

»Unter all den sinnlosen Gedanken und verrückten Ideen,
mit denen du deinen Geist vollgestopft hast,
liegen die Gedanken, die du am Anfang mit Gott* dachtest.«

Ein Kurs in Wundern

---

* alias das Feld des Potenzials (FP), das Universum, der Göttliche Geist, der Dude, Quanten-Fred (Spitzname, den meine neue Freundin Colette Baron-Reid IHM verliehen hat)

1
HOUSTON, WIR HABEN EIN PROBLEM

»Schauen Sie sich uns doch an! Alles läuft verkehrt.
Alles steht Kopf. Die Religionen zerstören Spiritualität,
Ärzte zerstören die Gesundheit,
und Regierungen zerstören Freiheit.«
Michael Ellner,
Vorsitzender von HEAL, einer gemeinnützigen
Gesellschaft für Gesundheitserziehung

Ich weiß, was Sie jetzt denken: Mit diesem Buch stimmt etwas nicht. Der Text ist verkehrt herum gedruckt … oder er steht Kopf.

Vielleicht kichern Sie jetzt in sich hinein und fragen sich, weswegen Kopf deswegen wohl rollen wird – der des Setzers oder des Druckers oder gar des freundlichen Mitarbeiters Ihres Buchladens?

Also will ich Ihnen gleich hier im dritten Absatz reinen Wein einschenken: Diese Passage wurde *absichtlich* auf dem Kopf stehend gedruckt. Ich wollte es so, um Ihnen ein AHA-ERLEBNIS zu ermöglichen.

Ich will an dieser Stelle unverblümt eine Warnung aussprechen: Falls Sie nicht damit aufhören, dieses merkwürdige, auf dem Kopf stehende Buch zu lesen, wird die weitere Lektüre Ihre gesamte Weltsicht auf den Kopf stellen. Denken Sie daran, wie in *Der Exorzist* Linda Blairs Kopf rotierte, und machen Sie sich auf eine kräftige Ladung grüne Erbsensuppe gefasst!

Wenn Sie dieses Buch in der U-Bahn oder in einem Café lesen und sich gerade eben Sorgen machten, dass die Leuten denken könnten: *He, die ist wohl Analphabetin oder warum hält sie ihr Buch verkehrt herum?* – dann gibt es zwei Dinge, die ich Ihnen sagen möchte:

1. Es spielt keine Rolle, was andere Leute denken. Das ist Teil Ihrer althergebrachten Konditionierung, die Sie unbedingt in den nächsten Mülleimer werfen sollten. Wenn Sie Ihre Umgebung *wirklich* beeindrucken wollen, recken Sie jedes Mal, bevor Sie eine Seite umblättern, die Fäuste in die Luft, mit einem durchtriebenen Lächeln auf den Lippen. Je mehr Sie an dem festhalten, was Sie wirklich denken wollen (und damit das klar ist – Sie allein treffen diese Entscheidungen), und je weniger Sie dem Glauben schenken, was alle anderen denken, desto schneller kann sich Ihr höchstes Wohl manifestieren.

2. Es kommt allein darauf an, was *Sie* denken. Und das meine ich ganz wörtlich. Sie bekommen, was Sie denken. Und in diesem Buch geht es vor allem darum, wie Sie Ihr Denken optimieren können. Es geht um ein Bewusstseins-Upgrade. Das Weltbild 2.0 wartet auf Sie! Gehören Sie zu den ersten Anwendern. Früher oder später werden sowieso alle die neue Realität übernehmen. Wozu also noch warten?

Und was genau ist das Weltbild 2.0?

> »Lass mich nur die Freude als Wahrheit akzeptieren.«
>
> *Ein Kurs in Wundern*

Um es auf den Punkt zu bringen: Dieses neue und verbesserte Weltbild ist das genaue Gegenteil – oder die Umkehrung – von allem, was Sie heute zu wissen glauben.

Es beruht auf zwei zentralen Prinzipien:

1. Die energetische Welt, jene Welt, die Sie nicht sehen, anfassen, schmecken oder riechen können, ist das Fundament, auf dem alles andere ruht. Sie ist der Grundstoff, aus dem alle Materie hervorgeht. Die Wissenschaft hat diese Energiematrix (oft einfach »das Feld« genannt) schon vor hundert Jahren entdeckt, aber weil sie unser bisheriges Weltbild so völlig auf den Kopf stellt und uns so viele neue Türen öffnet, nutzen erst sehr wenige von uns die enormen Möglichkeiten, die diese Kraft für uns bereithält.

Auch hundert Jahre später sind die meisten von uns immer noch ganz auf die materielle Welt fixiert. Das ist ein bisschen, als würden wir Willi Kojote bei seiner Jagd auf den Road Runner die Daumen drücken. Trotz all seiner kunstvoll ausgearbeiteten Pläne und komplizierten Fangvorrichtungen gelingt es dem Kojoten doch nie, den Road Runner zur Strecke zu bringen. Und die Sturheit, mit der wir an unserem Glauben an die festgefügte, maschinenartige Welt als einzig gültiger Wirklichkeit festhalten, bewirkt, dass wir immer noch in den spirituellen Windeln stecken.

Die spirituelle Welt, jene Welt, die die meisten von uns nicht sehen können, verbindet uns mit einem unendlichen Bewusstsein, dessen Kreativität keine Grenzen gesetzt sind.

2. Uns alle erwartet ein Happy End. Alles in der nicht materiellen Welt ist kooperativ, benutzerfreundlich und auf die Erschaffung von Win-win-Situationen ausgelegt. Und die reale Welt ist, wenn man sie ganz ohne Scheuklappen betrachtet, in keiner Weise so, wie Sie denken. Sie entspricht nicht der Filmkulisse, die Sie sich erschaffen haben, damit sie Ihnen als »Realität« dient. Unabhängig davon, wie das Leben dem bloßen Auge erscheinen mag – in seiner puren, unveränderten Form (wenn es nicht von der Weltanschauung »Das Leben ist Mist und endet mit einem kümmerlichen Tod« überlagert wird) ist es ein brodelnder Kessel von Möglichkeiten, komponiert aus reiner, vollkommener Liebe.

Dass uns dennoch Kummer, Mangel und Tod begegnen, ist Beweis für unser unzureichendes Bild der Wirklichkeit. Wir sind auf eine sehr schmale Bandbreite von Erfahrungen fokussiert und leugnen die vielen Dimensionen, die jenseits dessen existieren, was für unsere fünf körperlichen Sinne wahrnehmbar ist.

Unsere Ignoranz führte zu einer Weltsicht, die ganz auf Probleme, Ängste und unser Bestreben fixiert ist, uns vor allem zu schützen, was schiefgehen *könnte*. Sie hat uns dazu gebracht, uns vom großen Ganzen zu isolieren und zu glauben, dieser sehr enge Bildausschnitt, in dem wir uns Menschen als vom ganzen Rest abgetrennte Wesen wahrnehmen, wäre alles, womit wir arbeiten können.

Das führt dazu, dass wir unser enormes, unerschöpfliches Bewusstsein dazu benutzen, ständig nach Fluchtwegen Ausschau zu halten. Jede Minute, die wir damit vergeuden, mit dem Schlimmsten zu rechnen und uns Katastrophenszenarien auszumalen, untergräbt unsere Fähigkeit, das Wahre und Schöne zu erschaffen. Mit jeder Minute, die wir uns sorgen, errichten wir Barrieren zwischen uns und all den Zeichen und Chancen und auch, ja, der überströmenden Liebe, die zu nichts anderem da ist, als uns Freude zu bereiten. Wir haben die Straßenkarte der Wahrheit durch vermeintliche »Fakten« verzerrt, die allein auf unserer negativen Orientierung beruhen. Wenn wir dann unerfreuliche Erfahrungen machen (was unvermeidlich ist, denn unser Bewusstsein, so verirrt und desorientiert es auch sein mag, ist mächtig), fühlen wir uns in unserer negativen Weltsicht bestätigt. Wir denken: *Siehst du? Habe ich es dir nicht gesagt?*

Doch wie Sie durch das Weltbild 2.0 lernen werden, handelt es sich bei dem Paradigma »Das Leben ist Mist und endet mit einem kümmerlichen Tod« lediglich um eine Fiktion, eine Ansammlung von fabrizierten Lügen, die wir uns seit mindestens … nun, ich weiß es nicht … vierzigtausend Jahren erzählen!

Von früher Kindheit an werden wir darauf trainiert, die Welt durch die grau getönte Brille von Entbehrung und Schmerz zu betrachten. Wir bekommen Fleißpunkte für jedes Problem, das wir finden. Im Leben Gutes zu erwarten und davon auszugehen, dass sich die Dinge aufs Beste entwickeln, klingt gefährlich danach, dass wir »die Augen vor der Wirklichkeit verschließen«. Es gibt starke Vorbehalte gegen zu viel Optimismus und Glücklichsein.

Selbst Therapeuten, die doch eigentlich von sich behaupten, unser Leben besser machen zu wollen, ermuntern uns dazu, alte Probleme auszugraben und die Leichen anzuschauen, die im Keller unseres Unterbewusstseins lauern. Sie klopfen uns auf die Schulter, wenn wir zugeben, keinen Ausweg aus unseren Problemen zu wissen und schrecklich zu leiden.

Aber das ist alles nicht wahrer als die zurzeit so populären Zombiefilme.

Wie gedeiht Ihr geistiger Garten?

> »Die Wirklichkeit wartet geradezu darauf,
> dass wir beherzt zugreifen.«
>
> *Melissa Joy, Präsidentin von Matrix Energetics*

Im Weltbild 2.0 werden Sie schnell zu der Erkenntnis gelangen, dass unser Leben dazu gedacht ist, mit Überschwang und Freude gelebt zu werden, und dass »Folge deiner Freude« keine Autoaufkleber-Plattitüde ist, sondern eine vernünftige und sinnvolle Lebensstrategie. Wenn Ihr Leben anders aussieht, dann ist bei Ihnen, wie es der Fernsehjournalist und Emmy-Preisträger Andy Cordan gerne ausdrückt, etwas durcheinandergeraten. Wenn Sie keine täglichen Wunder erleben – wenn Sie nicht jeden Morgen voller Leidenschaft und Lebenslust aufwachen –, leben Sie in einem Horrorfilm, den Sie zu Ihrer eigenen Unterhaltung selbst erschaffen haben.

Und genau das möchte ich mit E^2+ beweisen. Die alte Art zu denken hat sich überlebt, und jetzt drängt eine höhere Wirklichkeit in unser Bewusstsein. Alles, was wir dafür tun müssen, ist, unsere Neigung zum Drama hinter uns zu lassen und zu erkennen, dass der Zombiefilm, den wir für die Wirklichkeit halten, langweilig und vollkommen überflüssig ist.

In diesem Buch werde ich Sie daher bitten, Weltbild 1.0 für eine Weile zu deaktivieren und die neun Experimente im zweiten Teil des Buches durchzuführen. Ich empfehle Ihnen, wenigstens während der dreißig Tage, die nötig sind, um sich mit den Experimenten vertraut zu machen, Ihre alten Glaubenssätze auszuschalten und vermeintliche Gewissheiten und absolute Wahrheiten an der Garderobe abzugeben.

In E^2, dem Buch, das diesem vorausging, habe ich darauf hingewiesen, dass die Energie sich zu jeder Struktur formt, die unser Bewusstsein vorgibt. Ohne die formgebende Tätigkeit unseres Bewusstseins verbleibt die Welt in einem zeitlosen, raumlosen Zustand sich unaufhörlich verwandelnder Möglichkeiten. Wenn unsere begrenzte Wahrnehmung eine Energiestruktur erschafft, die die unerschöpfliche Substanz, in der wir leben, negiert, enden wir in einer kleinen, oft furchterregenden Wirklichkeit. Es scheint dann, als hätten wir keine Wahl. Wir erkennen nicht, dass wir diesen Zustand selbst erzeugt haben. Negativität, schlau als »Realität« getarnt, ist zu einem Konstrukt geworden, das wir, wie Harry Potters Zaubermantel, nicht mehr sehen können.

In E^2 habe ich die Leser ermutigt, die Welt durch eine andere Brille zu betrachten. Statt dem populären Paradigma des *Was kann schiefgehen?* zu folgen, sollten sie sagen: *Was kann gelingen?* E^2 lieferte die Stützräder, um sich in die neue Realität vorzuwagen. In E^2+ werden wir nicht nur ohne Stützräder fahren – wir werden fliegen!

Quantenabenteuer

> »Wir können uns nicht länger als bloße Zuschauer betrachten ohne Einfluss auf die Welt, die wir beobachten.
> … Der bloße Akt der Beobachtung ist ein Schöpfungsakt.«
>
> John Wheeler, amerikanischer theoretischer Physiker

Wir leben in einem Quantenzeitalter, wo die Leute einander in Sekundenschnelle Textnachrichten um den Globus schicken, Netzhautablösungen mit Laserstrahlen reparieren und mittels kleiner, handgroßer Geräte Rabatte durch Coupons erhalten können. Doch in unserem Denken, in der Anwendung dieser neuen Wahrheiten, hinken wir beträchtlich hinterher. Wir folgen immer noch den Denkmustern des Industriezeitalters. Wir machen keinen Gebrauch von der unglaublichen Macht unseres Bewusstseins – dieses Bewusstseins, das Welten erschaffen kann.

Wir leben schon mehr als ein Jahrhundert in der neuen Quantenwirklichkeit, doch in unserem Denken haben wir uns kaum bewegt. Damit, diese erstaunlichen neuen Prozesse in unser persönliches Leben zu integrieren, haben wir überhaupt noch nicht begonnen. Stattdessen konzentrieren wir unsere Gedanken – also unsere schöpferische Kraft – darauf, uns als Opfer der Umstände zu fühlen, das heißt auf die Idee, dass unser Leben uns *zustößt*. Diese verzerrte Wirklichkeitswahrnehmung wäre nicht weiter schlimm, wenn unsere Gedanken nichts als Rauchwölkchen wären, die der nächste Windhauch davonweht.

Doch unsere Gedanken sind unglaublich mächtig.

Wie Funksignale übermitteln unsere Gedanken unsere Überzeugungen und Erwartungen hinaus ins Quantenfeld (das ich das Feld des grenzenlosen Potenzials, FP, nenne). Und sie ziehen das in unser Leben, was exakt der von uns ausgestrahlten Schwingung entspricht. Quantenphysiker haben bewiesen, dass es uns unmöglich ist, etwas zu beobachten, ohne es zu beeinflussen. Man nennt das den *Beobachtereffekt*. Dieser Effekt stellt so ziemlich alles auf den Kopf, was wir bislang darüber zu wissen glaubten, wie die Welt funktioniert. Aber die Möglichkeiten, die er uns eröffnet, sind geradezu schwindelerregend! Denn er bedeutet:

1. Wir stecken nicht in der 3-D-Realität fest, von der wir dachten, sie wäre alles, was es gibt.

2. Wir sind keine hilflosen Opfer.

3. Und eine ganze Schar von Multidimensionen wartet nur darauf, von uns kreativ genutzt zu werden.

Alles, von dem wir glauben, es existiere »dort draußen« in einer objektiven Welt, ist lediglich ein Spiegelbild unserer Innenwelt. Und mit »Innenwelt« meine ich das beobachtende Bewusstsein.

Wenn Ihre Gedanken auf Freude, Liebe und Frieden fokussiert sind, werden Sie Freude, Liebe und Frieden erleben. Aber wenn Ihr Bewusstsein weiterhin auf »Radio Alltagswahnsinn« eingestellt ist – den beherrschenden Soundtrack unserer Kultur, das Dauerprogramm von Schmerz und Mangel –, was werden Sie dann erleben?

Was haben Ihre Gedanken denn da schon wieder an Land gezogen?

> »Die Getrennten haben viele ›Heilmittel‹ für das erfunden,
> was sie als ›die Krankheiten der Welt‹ ansehen.
> Das Einzige aber, was sie nicht tun, ist,
> die Wirklichkeit des Problems infrage zu stellen.«
>
> *Ein Kurs in Wundern*

Unser Bewusstsein ist wie die Katze, die uns stolz die Mäuse oder Jungvögel vor die Tür legt, die sie gierig gefangen hat. Auf diese Weise sagt sie uns: *Hier, mein mir höriger Besitzer, schau, was ich dir mitgebracht habe!*

Dass Sie mit Ihren Gedanken einen solchen Einfluss ausüben können, ist total cool. Es bedeutet nämlich, dass Sie mit einer halbwegs aktiven Imagination so ziemlich alles erschaffen können, was Ihr Herz begehrt. Wenn Sie Ihre Gedanken als Späher und Pfadfinder hinaus ins Quantenfeld schicken, werden sie Ihnen Reichtümer aller Art nach Hause bringen. Fragen Sie die Leserinnen und Leser von E^2: Deren unaufhörlich expandierendes Bewusstsein hat schon alles Mögliche manifestiert – von Auftritten in der *Dr. Oz Show* über sechs Tesla-Roadster bis zu exzellenten Literaturagenten.

Die Kundschafter-Fähigkeiten Ihrer Gedanken haben allerdings einen Nachteil. Wenn Ihre Sicht auf die Welt, auf sich selbst und alles dazwischen sehr stark von der Vergangenheit beeinflusst ist, einem altmodischen Paradigma aus Mangel, Einschränkung und geistiger Verstopfung, dann werden Ihre Gedanken Ihnen, wie die Katze, eine Menge geschundene Mäuse und zerrupfte Vögel vor die Tür legen.

Statt die Fülle der Welt zu genießen, statt jeden Tag als brandneue Gelegenheit zu betrachten, den Seelen-Boogie der Freude zu tanzen, bringen Ihre Gedanken Ihnen den immer gleichen stinkenden, verlausten Mäusemüll nach Hause.

Ich möchte mit dem Fuß aufstampfen und rufen: »Hört sofort auf damit!«

Stattdessen habe ich dieses Buch geschrieben.

Und was jetzt?

»Lerne fliegen, Baby!«
Tama Kieves, früher Anwältin, heute Lebens-Coach

Die *wahre* Realität (dass wir alle eins sind, dass die Welt unendlich reich ist und immer für uns sorgt und dass letztlich immer Liebe die Antwort ist) wird gegenwärtig von immer mehr Menschen überall auf dem Planeten entdeckt, von Individuen, die aufstehen und erklären: »So, wie die Dinge bisher laufen, kann es nicht richtig sein. Es muss einen besseren Weg geben!«

Wie ich es sehe, gibt es nur zwei Dinge, die wir wissen müssen:

1. Das Universum ist immer auf unserer Seite.
2. Alles wird gut.

Das sind gerade einmal zehn Worte! Und ansonsten geht es nur darum, richtigen Gebrauch von der Technik zu machen, die darin besteht, dass wir unsere Gedanken als Kundschafter ausschicken, um uns Dinge aus dem Feld des unendlichen Potenzials zu beschaffen. Und ja: Ich stelle Ihnen in diesem Buch neun weitere Energie-Experimente vor. Die besonders Ehrgeizigen dürfen sich sogar an der Aufgabe versuchen, Wasser in ihren Lieblingswein zu verwandeln. Aber hauptsächlich geht es in diesem Buch darum, wie Sie die Kundschafter (also Ihre Glaubenssätze, Ihre allmächtigen Schwingungswellen) ausschicken können, um für Sie die Dinge zu finden, die Sie sich wünschen. Und es geht darum, zu begreifen, dass Freude Ihr natürlicher Zustand ist und dass sie auf dieser irdischen Reise Ihr Leitstern sein sollte. Freude zu erleben und sich gut zu fühlen ist Ihre Bestimmung. Deshalb sind Sie hier. Das ist das Geheimnis hinter allem.

Wenn Sie meinen Blog auf *www.pamgrout.com* verfolgen (und wenn nicht, habe ich eine sehr wichtige Frage: *Warum noch nicht?* – Ich lade Sie hiermit herzlich ein! Gönnen Sie sich diese Freude), wissen Sie vermutlich, dass ich E^2 bereits vor neun Jahren schrieb. Das Buch erschien, unter einem anderen Titel, ungefähr zur gleichen Zeit wie der Film *The Secret*, also noch vor dem Buch zum Film und all den Klonen, die darauf folgten. Doch statt ein großes Publikum zu inspirieren, wie ich gehofft hatte, verkaufte es sich kaum und ging sang- und klanglos unter. Ich gab klein bei, schrieb stattdessen drei Reisebücher für *National Geographic* und verschwendete nicht viel Zeit damit, über den Misserfolg nachzugrübeln. (Okay, etwas grübelte ich schon.)

Ein paar Jahre später entstaubte ich das Buch, gab ihm einen neuen Titel und schickte es an Hay House, einen Verlag, der sich auf diese Art Bücher spezialisiert hat. Und ... E^2 schaffte es auf die Bestsellerliste der *New York Times*. Beide Bücher sind, abgesehen von den Titeln, nahezu identisch. Warum ging das Buch beim ersten Versuch baden und wurde dann im zweiten Anlauf ein internationaler Bestseller?

Hier ist meine Erklärung: Sicher, der Titel E^2 ist vermutlich etwas interessanter als *Gott kennt keine schlechten Tage*. Und, ja, der Zeitpunkt mag günstiger sein (weil unser Bewusstsein sich inzwischen weiterentwickelt hat und all das). Aber ich glaube, die wichtigste Variable besteht darin, dass meine Schwingung sich verändert hat, weil ich mir inzwischen ein Bewusstseins-Upgrade gegönnt habe!

Ich befreite mich von einer Menge negativem Gestrüpp, das meine Energiekanäle verstopft hatte. Manche werden das problematisch finden, aber ich setzte es mir zum Ziel, in ständiger Freude zu leben. Ich fing an, all die vielen Segnungen zu würdigen, mit denen das Leben mich beschenkt. Und wie ich in meinem Blog schrieb: Von da an fingen die Segnungen an, mich zu verfolgen wie Freddy Krueger. Als ich glücklich wurde, zeigte meine Außenwelt, die nichts als die Projektionsfläche für meine inneren Gedanken ist, mir ein anderes Bild. Im Rückblick denke ich, dass ich es hätte kommen sehen müssen.

2

SPANX FÜR UNSER GEDÄCHTNIS

> »Die traditionellen menschlichen Machtstrukturen
> und ihr dunkles Regiment werden schon bald
> als nicht mehr zeitgemäß gelten.«
>
> *Buckminster Fuller, amerikanischer Zukunftsforscher*

Eine meiner Lieblingsgeschichten handelt von einem vierjährigen Jungen, der seine Eltern damit nervt, unbedingt Zeit allein mit seinem neugeborenen Schwesterchen verbringen zu wollen. Seine Eltern, gestärkt durch die Lektüre zahlreicher Elternratgeber, halten das nicht für eine gute Idee.

»Was ist, wenn er sie zwickt?«, fragt die Mutter, worauf sich zwischen ihr und ihrem Mann eine intensive Diskussion darüber entspinnt, wie sich nach den neuesten pädagogischen Erkenntnissen Rivalität zwischen Geschwistern am besten minimieren lässt.

Und sie steigern sich in noch schlimmere Sorgen hinein: »Was ist, wenn er versucht, sie zu ersticken?«

Doch der kleine Johnny lässt nicht locker.

»Wir – sie und ich – müssen etwas Wichtiges besprechen«, beharrt er.

Schließlich erlauben die Eltern es ihm, allein ins Kinderzimmer zu gehen, während sie in Hörweite draußen vor der Tür warten.

Liebevoll schaut er seine kleine Schwester an, beugt sich über ihr Bettchen und flüstert sehr ernsthaft: »Erzähle mir von Gott. Ich fange an zu vergessen.«

Dieser vierjährige Junge, der auf der Grenzlinie zwischen göttlicher Großartigkeit und der kulturellen Dressur des Weltbildes 1.0 steht, schnappt verzweifelt noch ein letztes Mal nach spiritueller Luft, bevor man ihn in das enge Korsett des vorherrschenden kulturellen Paradigmas zwingt.

Wir werden darauf trainiert, wichtige Teile unseres Seins zu verleugnen

> »Ich hasse Spanx. Die sind so eng,
> dass du nie weißt, was du damit alles abschnürst.«
> *Jennifer Coolidge, amerikanische Schauspielerin*

Wer sich schon einmal in Spanx gezwängt hat, begreift die Realität des Weltbildes 1.0. Wir haben unser großes, wunderschönes Selbst – unseren strahlenden, multidimensionalen Geist – in ein enges, oft unbequemes Kleidungsstück hineingequetscht, das man einen Body nennt.

Wie der vierjährige Junge gegenüber seinem Schwesterchen zugab, dauert es nicht lange, Weltbild 1.0 zu akzeptieren und zu übernehmen. Er fing bereits an, im Gleichschritt mit den Glaubenssätzen und Traditionen seiner Kultur zu marschieren, wie falsch und einengend sie auch sein mögen.

Als Kleinkinder stimmen wir uns auf die Erwachsenen in unserer Umgebung ein. Wir sehen, womit sie sich beschäftigen. Wir beobachten, wie sie sich verhalten, was sie ablehnen und was sie gut finden. Wir lernen früh, was »schön« ist und was nicht. Wir lernen, das Geld anzubeten, diesen verfluchten Gott. Wir erleben, dass man uns sofort zum Arzt schleppt, wenn wir krank werden.

So lernen wir, dass Heilung von außen kommen muss und wir sie nicht in uns selbst finden können.

Wenn wir auf die Welt kommen, sind wir gewaltige Liebesgeneratoren. Wir strahlen eine klare Energie des Lichtes und der unvergleichlichen Freude aus. In gewisser Weise sind wir wie Delfine und senden unsere eigenen Sonarwellen bedingungsloser Liebe aus. Wenn dieses bedingungslose Liebessonar auf die heilungsbedürftigen Orte unserer Kultur trifft, jene Orte, wo sich Misstrauen entwickelt hat und Freude zurückgewiesen wurde, prallen die Sonarwellen ab und liefern uns eine unvertraute Rückmeldung, ein »Lieblosigkeitssignal«. Wenn unsere grenzenlose Freude auf diese starren Glaubenssätze und »eingedickten« Emotionen trifft, lernen wir schnell, uns an die Energien und Denkmuster unserer Kultur anzupassen.

Wir lernen, unsere wunderbare, klare Liebesenergie abzuschnüren, und lassen sie nur noch in jene Bereiche fließen, die als akzeptabel gelten, während man uns antrainiert, andere Bereiche verkümmern zu lassen. Stück für Stück erlernen wir die »korrekten« energetischen Frequenzregeln, die es uns nur erlauben, einen kleinen Prozentsatz dessen auszustrahlen, was wir *wirklich* sind.

Als kleine Kinder lieben wir alles so sehr, besonders unsere Eltern! Wenn sie uns, ohne böse Absicht, schlechte Vorbilder sind, indem sie große Teile ihrer Macht und Energie unterdrücken, dann … machen wir es so wie sie. Wir tun alles, was nötig ist, um lieben zu können. In unserem tiefsten Wesenskern sind wir alle reine, grenzenlose Liebe.

Damit wir uns nicht missverstehen: Ich möchte hier keineswegs unsere Eltern dissen. Solches neurotisches Verhalten ist zum Glück aus der Mode gekommen wie Hüfthosen mit Schlag.

Schließlich haben unsere Eltern sich bemüht, das Beste aus den Botschaften zu machen, die ihr Liebessonar aus der Umwelt empfing. Auch sie waren einst Babys.

Kulturelle Paradigmen schneiden uns von unseren Superkräften ab

> »Wenn wir unsere ermüdenden Geschichten hinter uns lassen ... wird in jeder Hinsicht für uns gesorgt.«
> *Alberto Villoldo, kubanischer Psychologe und Schamane*

Bis zum Alter von fünf Jahren saugen wir alles, was wir hören und erleben, regelrecht in uns auf. In diesem Alter arbeitet unser Gehirn überwiegend im Bereich der, wie es die Wissenschaftler nennen, Thetawellen. Diese Frequenz ähnelt dem REM-Schlaf oder der Hypnose. Sie eignet sich hervorragend, um alles aufzunehmen, was wir brauchen, um uns in der physischen Welt zurechtzufinden – etwa Sprachen zu lernen oder die psychischen Nuancen einer Familie zu begreifen. Dieser mentale, emotionale und physische Rahmen ist dann die Programmierung, die unser Leben steuert. Sie ist sehr hilfreich, wenn wir Auto fahren (stellen Sie sich vor, Sie müssten es jedes Mal von Neuem lernen, wenn Sie sich ans Steuer setzen) oder uns die Zähne putzen, wirkt sich aber verheerend auf unsere Verbindung zu den höheren spirituellen Wirklichkeiten aus.

Indem Sie sich auf den Katalog dessen verlassen, was Sie von Ihrer Familie, Ihrer Kultur und aus Ihrer Vergangenheit gelernt haben, entgeht Ihnen die enorme, pulsierend lebendige Energie des atomaren Jetzt. Jedem gegenwärtigen Augenblick wohnt eine gewaltige Substanz inne, die nur darauf wartet, Sie mit einer ganzen Kaskade von liebevollen Erfahrungen, Magie und Segnungen aller Art zu überschütten. Doch indem Sie alte, oft unangemessene »kulturelle Paradigmen« anwenden, entgeht Ihnen der Zauber – Sie übersehen all die inspirierenden, lebensbejahenden Daten, die Ihr inneres, nicht physisches Selbst Ihnen übermitteln möchte. Damit sind Sie in einem Spinnennetz defensiver, einengender Wahrnehmungen gefangen.

Jedes Mal wenn wir uns nicht im gegenwärtigen Augenblick aufhalten, wird das alte Programm aktiviert. Die alten Wahrnehmungsmuster setzen sich durch und infizieren unser Denken und Handeln. Besonders gerne kommen sie uns in die Quere, wenn wir versuchen, glücklich zu sein oder unsere Träume zu verwirklichen. Keine dieser Denkgewohnheiten entspricht der Wahrheit, doch da sie tief in unserem Unterbewusstsein hausen wie Ratten im Keller, schleichen sie sich immer dann auf subtile Weise in unsere Lebenserfahrung ein, wenn wir nicht »im Jetzt« leben. Mein Freund Jay nennt sie die »Mist-Programme«. Leider benutzen wir diese Programme, um unser Leben zu erklären und zu bewältigen. Sie sind fast ständig aktiv, auch wenn wir andere Dinge affirmieren und wollen.

Wenn Sie die Akkulaufzeit Ihres Smartphones verlängern wollen, werden Sie feststellen, dass es Dutzende von Programmen gibt, die ständig aktiv sind. Sie alle zu deaktivieren ist ein richtiger Finger-Workout! Alle diese Programme – oder Apps, je nachdem – arbeiten auf unterschiedlichen Frequenzen und verbrauchen Akkustrom. Willkommen in Ihrem Bewusstsein! Es gibt immer noch ein Mist-Programm aus der fünften Klasse, als Ihr Lehrer zu Ihnen sagte: »Mädchen, du solltest bei der Mathematik bleiben. Künstlerisch bist du völlig unbegabt.« Es zehrt ebenso an Ihrem »Batteriestrom« wie das Mist-Programm, das Sie Ihrer

Mutter verdanken: »Liebling, dafür haben wir im Moment leider kein Geld.«

Diese Mist-Programme beeinflussen Ihren Alltag, schwächen Ihre Energie und drängen sich immer wieder in den Vordergrund.

Alle meine Meme

> »Diese spirituelle Wahrheit steht in diametralem Widerspruch zu den Werten unserer heutigen Kultur und den Verhaltensmustern, auf die sie die Leute konditioniert.«
>
> *Eckhart Tolle, Autor des Buches* Jetzt! Die Kraft der Gegenwart

Wir betrachten unsere Mist-Programme als so wertvolle Bestandteile unserer Identität, dass wir sie nie infrage stellen. Wir betrachten sie als Götter, fürchten sie, vertrauen ihnen und unterwerfen uns ihnen, ohne je gegen sie aufzubegehren. Diese von uns akzeptierten Glaubenssätze zählen zu dem, was der englische Evolutionsbiologe Richard Dawkins als »Meme« bezeichnet.

Kurz gesagt, ermöglicht das Konzept der Meme es zu erklären, wie Ideen, Verhaltensweisen und Lebensstile sich innerhalb einer Kultur von Mensch zu Mensch verbreiten. Wie Viren vervielfältigen sie sich selbst, mutieren und durchdringen mit ihren trügerischen Tentakeln unser ganzes Leben.

Die meisten von uns sind sich gar nicht bewusst, welchen großen Einfluss Meme darauf haben, wie wir unsere Welt wahrnehmen. Sie sind wie eine mit vergessenem Kram vollgestopfte Küchenschublade: ein eingetrockneter Textmarker, eine rostige Schere, alte Geburtstagskarten von Leuten, an die wir uns kaum erinnern, und Schlüssel, bei denen wir unsicher sind, was sich mit ihnen aufschließen lässt. Wer sich dafür interessiert, sich seine eigene Realität zu erschaffen, muss diese Mist-Schublade unbedingt aufräumen. Schauen Sie sich diese Meme, die wir und fast alle anderen Menschen auf der Erde als Tatsachen des Lebens, als unumstößliche Wahrheiten betrachten, genau an. Denn wenn wir hinter die Kulissen blicken, erkennen wir, dass unsere Mist-Programme dem großen, jedoch in Wirklichkeit gar nicht so mächtigen Zauberer von Oz ähneln.

Hier sind die zwölf populärsten Meme des Weltbildes 1.0. Zu jedem Mem gibt es eine Wahrheit aus dem Weltbild 2.0, die dem alten Glaubenssatz den Wind aus den Segeln nehmen wird.

1. MEM: Die Welt ist ein gefährlicher Ort. Es ist unsere Aufgabe, eine Rüstung anzulegen und uns unermüdlich abzurackern, um den Terroristen, Superviren, dysfunktionalen Stiefmüttern und, natürlich, den Zombies immer eine Nasenlänge voraus zu sein.

WELTBILD 2.0: *Es gibt nichts zu fürchten.* In *Ein Kurs in Wundern* wird uns immer wieder gesagt, dass wir »uns mit unserem verrückten Glauben, Schmerz und Sünde wären real, eine schwere Bürde auferlegen. Schmerz ist sinnlos, ohne Ursache und vermag nichts zu bewirken.«

2. MEM: Das Leben geschieht mir. Ich bin ein unschuldiger Zuschauer, ein Opfer der Umstände, des Wetters, einer Krankheit oder, schlimmer noch, meiner eigenen Unfähigkeit. Äußere Ereignisse (diese Dinge aus Mem Nr. 1) kommen mir immer wieder in die Quere. Alles, was ich tun kann, ist, so gut wie möglich mit diesen äußeren Ereignissen fertigzuwerden.

WELTBILD 2.0: *Das Leben geht aus mir hervor.* Ich erschaffe die Welt durch meine Gedanken, meine Überzeugungen und meine energetische Schwingung.

3. MEM: Ereignisse geschehen, und deswegen fühle ich mich schlecht. Die meisten unserer Gedanken und Gefühle sind durch die Kultur programmiert, in der wir aufwachsen. Bereits in früher Kindheit bringt man uns bei, unglückliche Emotionen zu erfahren, äußere Ereignisse für diese Gefühle verantwortlich zu machen und angesichts der Ungerechtigkeit von alledem zu weinen und zu stöhnen. Wir werden darauf trainiert, nichts Gutes zu erwarten. In der Tat glauben alle verantwortungsbewussten Menschen zu wissen, dass man stets auf der Hut sein muss, weil die Welt ein gefährlicher Ort ist.

Kürzlich hatten wir in unserer Familie einen Todesfall. Wie Sie wissen, hat der Tod einen ziemlich schlechten Ruf. Für mich war offensichtlich, dass die kleineren Kinder in der Familie, jene unter zwölf Jahren, diesen Todesfall anders betrachteten als die Erwachsenen. Doch nachdem sie ihre Eltern beobachtet hatten, lernten sie schnell, dem Skript »Fühle Trauer und bleibe traurig« zu folgen.

Man erzieht uns dazu, uns Sorgen zu machen: darüber, dass wir andere enttäuschen, dass wir nicht liebenswert sind, dass wir krank werden könnten oder dass materielle Armut uns bedroht. Man bringt uns bei, uns vor Krankheitserregern, Krebserregern, Mikrowellen, Plastikbehältern, Verhütungsmitteln, Handystrahlung und vielem mehr zu fürchten.

WELTBILD 2.0: *Ohne diese Erziehung zum Unglücklichsein ist Freude mein natürlicher Zustand.* Die Autorin Esther Hicks stellte hierzu einmal die Frage: »Wieso errichten wir eigentlich nur Denkmäler für Kriegshelden? Wo sind die Statuen für gut gelaunte Windsurfer?«

4. MEM: Gott ist eine Entität, die sich außerhalb von mir befindet. Mein armes, kleines Ich muss an die Mildtätigkeit Seiner Majestät appellieren, demütig hoffend, dass ER irgendwie Zeit findet, sich um meine Sorgen zu kümmern, obwohl ER doch vor allem damit beschäftigt ist, den Welthunger zu bekämpfen.

WELTBILD 2.0: *Gott ist ein Seinszustand, eine liebevolle Energie, die mich durchströmt, mich erhält und mich mit Licht umgibt.* Obwohl es unmöglich ist, Gott zu definieren und mit Worten zu beschreiben, ist dieses »strahlende X«, wie der Dichter Stephen Mitchell es nennt, die namenlose Realität, die Ursache hinter allem, was existiert.

5. MEM: Meine Aufgabe ist es, zwischen Richtig und Falsch, Schwarz und Weiß zu unterscheiden. Und wie die Komikerin Gilda Radner zu sagen pflegte: »Irgendwas ist immer.«

WELTBILD 2.0: *Meine Aufgabe ist es, schöpferisch zu sein, nicht Kritik zu üben.* Wir sind gar nicht in der Lage, Urteile zu fällen. Und wenn wir trotzdem urteilen, blockieren wir damit das Feld des unendlichen Potenzials, das sich durch uns ausdrücken möchte. Leute: Zu kritisieren ist wirklich nicht unsere Aufgabe! Während wir diese unbequemen Spanx tragen, sehen wir das größere Bild nicht. Wir benutzen unseren subjektiven Scheuklappenblick, um uns zu »Herrschern des Universums« aufzuspielen. Das ist so lächerlich wie ein Blinder, der einen Elefanten am Schwanz fasst und denkt, er verstünde nun das ganze Riesentier.

Sobald wir kritisieren, hören wir auf zu kreieren. Wenn wir Dinge analysieren und bewerten, schränken wir damit unsere Wahrnehmung ein. Wir sind nicht länger offen.

6. MEM: Ich denke, also bin ich. Oder in Descartes' Worten: *Cogito, ergo sum.*

WELTBILD 2.0: *Was ich denke, ist zum großen Teil irrelevant.* Moment mal! Steht das nicht in völligem Widerspruch zur These dieses Buches? Nicht wirklich. Unsere Gedanken sind wie harmlose Ameisen, die über eine Picknickdecke marschieren. Sie kommen, sie gehen, fließen einfach vorbei ... *bis* wir entscheiden, sie aufzusammeln, sie anzustarren und sie in unsere Realität zu transformieren. Dass wir unseren Gedanken Aufmerksamkeit schenken, ist es, was sie in unsere Realität hineinzieht. Wir entscheiden, welche Gedanken wir nähren und mit Energie aufladen. Wenn wir Gedanken Energie zuführen, akkumulieren sie Masse und nehmen als »materielle« Ereignisse und Objekte Gestalt an.

7. MEM: Erfolge muss man sich hart erarbeiten und dafür Schmerz und Entbehrungen in Kauf nehmen. Was bedeutet: Wir lernen und verändern uns durch Leiden. Die Notwendigkeit von Schmerz und Leid ist in unserer Kultur ein so lebendiger, selbstverständlicher Mythos, dass wir ihn gar nicht mehr bewusst wahrnehmen, so wie das Arbeitsgeräusch unseres Kühlschranks. Wenn wir Mel Gibson Glauben schenken, dessen Film

Die Passion Christi die meisten Horrorfilme zahm erscheinen lässt, ist es sogar *heilig*, Schmerzen zu erdulden.

Wir haben uns so an dieses »Das Leben ist Mist«-Paradigma gewöhnt, dass wir gar nicht mehr auf die Idee kommen, eine andere Realität, eine glückliche Realität wäre möglich. Schmerz, Einsamkeit und Angst sind der Kontext, in dem wir leben. Wir sind so sehr darauf konditioniert, uns im Elend zu suhlen, dass uns die Idee, das Leben als fröhliches Abenteuer zu betrachten, unmöglich und sogar unnatürlich vorkommt. Sicher gibt es hier und da ein paar fröhliche Erlebnisse. Wir freuen uns auf Urlaube und Geburtstagspartys. Dass es aber möglich sein könnte, an sieben Tagen in der Woche rund um die Uhr glücklich zu sein, erscheint uns dann doch sehr weit hergeholt.

Aber bei unserem Paradigma, dass »das Leben Mist ist«, handelt es sich in Wahrheit bloß um eine schlechte Angewohnheit, eine Marotte, die wir von unseren Eltern übernommen haben, als sie damals darauf bestanden, wir sollten endlich »erwachsen werden«. Nach Schmerz Ausschau zu halten ist eine höchst unverantwortliche Art, die Welt zu betrachten, weiter nichts.

WELTBILD 2.0: *Es gibt keinen Grund, zu kämpfen und sich zu plagen.* Tatsächlich müssen wir uns überhaupt nicht anstrengen. Wenn wir loslassen, statt »auf Ziele hinzuarbeiten« – wenn wir uns also dem universellen Fluss des Lebens anvertrauen –, sorgen höhere Mächte für uns und kümmern sich um die Details. Sobald wir die Sorge, die Herrscherin von Weltbild 1.0, vom Thron stoßen, ist Erleuchtung unser natürlich auftretender organischer Seinszustand.

8. MEM: Es ist wichtig, dass ich meine Fehler analysiere, meine Probleme beim Namen nenne und danach strebe, ein besserer Mensch zu werden. Soll heißen: Dein albernes Lächeln wird dir schon noch vergehen! Das Leben ist schließlich kein Ponyhof.

WELTBILD 2.0: *Ich besitze bereits alles, was ich je benötigen oder mir wünschen könnte.* Der einzige Grund, warum wir Fehler und Probleme sehen, besteht darin, dass wir nach Fehlern und Problemen suchen. Im neuen Paradigma ist das Leben ein Spiel. Und die Freude kommt durch das Spielen. Jedes Mal wenn wir keine Lust mehr auf die Achterbahn haben, können wir uns auf dem Lazy River entspannen.

9. MEM: Die Devise lautet: Ich und du (und bei dir bin ich mir nicht sicher) gegen den Rest der Welt. Klar! Was denn sonst?

WELTBILD 2.0: *Das Universum unterstützt mich in jeder Hinsicht und sendet mir ständig Segnungen, Geschenke, Zeichen und Wegweiser.* Und was unsere Brüder und Schwestern angeht, lesen Sie bitte das Empfehlungsschreiben am Ende dieses Kapitels.

10. MEM: Um alles muss man sich selbst kümmern. Arbeite, bemühe dich, mache immer weiter bis zum Umfallen.

WELTBILD 2.0: *Ich muss mich nur um eines kümmern – meiner Freude folgen.* Um alles andere kümmert sich das Universum für mich. Einengung und Mangel sind Märchen, die wir erfunden haben wie den Osterhasen.

Im neuen Paradigma ist der Versuch, die Realität zu zwingen und zu manipulieren, kontraproduktiv. Auch wenn wir das universale Feld nicht sehen können (weswegen es manchen Leuten schwerfällt, auf seine Existenz zu vertrauen), ist es doch viel spürbarer und mächtiger, als Plackerei, Ächzen und Stöhnen es je sein werden. Wenn wir einen Schritt zurücktreten und Verbindung zur Macht des Universums aufnehmen, entfaltet sich alles mit Leichtigkeit und Schönheit.

11. MEM: Ich muss mich ändern. Ich habe Angst davor, mich zu ändern. Es ist schwierig, sich zu ändern. Hilfe!

WELTBILD 2.0: *Ich kann jederzeit jeden meiner Glaubenssätze ins Gegenteil verkehren.* Die andere Seite der Münze ist immer da (zum Beispiel Mangel kontra Fülle). Wenn Sie diese andere Seite nicht sehen, liegt das ausschließlich daran, dass Sie sich ganz auf die Frequenz des Mangels eingestimmt haben.

Wichtig ist es, sich klarzumachen, dass eine Realität, nur weil sie jetzt im Moment für Sie existiert, nicht solider, unfehlbarer oder maßgeblicher ist als andere Realitäten. Alle physischen Realitäten sind unbeständig und fließend. Im Weltbild 2.0 verstehen wir, dass eine bestimmte Realität sich dann manifestiert, wenn wir unsere Aufmerksamkeit auf sie richten. Und wenn wir unsere Aufmerksamkeit von ihr abwenden, löst sie sich auf. Keine Realität hat Macht über uns. Wir selbst sind die Schöpfer.

12. MEM: Ich muss mir alle Mühe geben, gut genug zu sein. Was besagt: Alle Menschen sind Sünder, und es ist nahezu unmöglich, Gottes Erwartungen zu erfüllen.

WELTBILD 2.0: *Mein Selbstwert steht niemals infrage.* Es ist kein Zwölf-Schritte-Programm zur Selbstverbesserung nötig.

Außer den oben erwähnten Memen gibt es nichts, was uns in die Quere kommen kann. Also können Sie sich ebenso gut entspannt zurücklehnen und den Flug genießen.

Empfehlungsschreiben für:

_____

(Die Leerzeile steht für jeden Dick, Tom oder Harry auf diesem Planeten. Und es spielt keine Rolle, ob die betreffende Person obdachlos, behindert oder Gefängnisinsasse ist.)

An alle, die es angeht:

_____ ist ein wunderbarer Mensch. Schenken Sie ihm/ihr ein wenig Liebe und Verständnis, dann wird sie/er Bemerkenswertes vollbringen.

Es ist wahr, dass er/sie ein paar Fehler und Dummheiten begangen hat. Aber dieser Mensch hat so viel zu geben – eine Menge Ideen, die die Welt verändern können.

Schließen Sie ihn/sie unbedingt ins Herz.

Heuern Sie sie/ihn unbedingt bei nächster Gelegenheit als Freund/in und Vertraute/n an. Warten Sie nicht. Zögern Sie nicht. Es gibt nichts, wovor Sie Angst haben müssten. Dieser Mensch ist ein Schatz.

Mit herzlichen Grüßen
Ihre Pam Grout

3

NA, WAS DACHTEST DU DENN?

> »Entschuldige, mein Junge,
> aber ich bin ein richtiger Zauberer.
> Ich habe Poesie in den Fingerspitzen.«
>
> *Charlie Sheen, Schauspieler*

@Beastyboy90 an @PamGrout: Mitten im Winter sah ich im Thaiboxstudio einen Schmetterling. Einfach unglaublich!

@PamGrout: Na, was dachtest du denn? Natürlich passieren diese Dinge! Mich jedenfalls überrascht das nicht. Viel Spaß mit den anderen Experimenten!

In diesem Kapitel werde ich den Erfolg feiern! Ich werde Phoebe Buffay aus der Fernsehserie *Friends* zitieren, die immer, wenn ihr jemand ein Kompliment machte – wenn Ross, Monica oder Chandler sie für eine gute Massage lobten oder weil sie einen starken Song geschrieben hatte (okay, wenn ich darüber nachdenke, *dafür* wurde sie nie gelobt) –, selbstbewusst antwortete: »Well, yeah?«, womit sie meinte: Na, was dachtest du denn?

Und das möchte ich allen Lesern sagen, die es gar nicht fassen konnten, dass die Experimente in E^2 funktionieren.

Ehe Sie nun fürchten, ich würde Phoebes Hit »Schmuddelkatz« singen, möchte ich Ihnen versichern, dass ich nur sage: »Ich *weiß*, dass es funktioniert!«, weil ich eine riesige Sammlung an Beweisen habe. Es sind völlig überzeugende Beweise dafür, dass sich alles, was Sie aus dem kosmischen Katalog des Lebens bestellen, unverzüglich in Ihrem Leben manifestiert, sobald Sie die Barrieren beseitigen, die Sie daran hindern, diese Manifestationen zu sehen. Sobald Sie Ihren inneren Widerstand aufgeben und »kapieren«, dass die Welt immer absolut zuverlässig auf Ihrer Seite ist, kann die Party beginnen.

Aber bevor wir Konfetti werfen, muss ich Sie etwas fragen. Es handelt sich um eine wichtige Frage, die Sie sich auch selbst stellen sollten:

Warum überrascht Sie das eigentlich?

Dieser verrückte Planet wird von etwas gesteuert, das viel größer ist als Sie, ich oder selbst Jimmy Fallon. Und, wie ich hoffe, mit den E^2-Experimenten bewiesen zu haben, ist dieses »viel größere Etwas« toller und aufregender als alles, was wir anfassen oder mit unseren Retinae sehen können. Wir alle sind mit diesem gigantischen universalen Energiestrom verbunden, und deshalb haben wir allen Grund, Gutes zu erwarten. Das ist einfach vollkommen natürlich.

Der einzige Grund, warum Sie sich dieses ewigen Stroms der Segnungen und Wunder nicht bewusst sind, besteht darin, dass Sie in die andere Richtung schauen. Weltbild 1.0 lässt Sie glauben, Sie wären ein hilfloser Zuschauer, der eine objektive Realität betrachtet.

Aber Weltbild 2.0 rückt die Fakten zurecht. Wir sind keineswegs hilflose Opfer, die dazu verdammt sind, ängstlich auf die nächste Katastrophe zu warten.

Die Welt, die wir sehen, geht aus uns selbst hervor. Wir können eine Sache nicht beobachten, ohne sie zu beeinflussen. Wir befinden uns in einem ständigen Twostep mit der kosmischen Energie, aber wenn unsere ängstlichen Egos mit ihren verrückten

Schuldkomplexen und Selbstzweifeln an der Seitenlinie sitzen und Punkte verteilen wie die Jury einer dieser Tanzshows, hängen wir schwere dunkle Vorhänge zwischen uns und den Großen Universalen Energiefluss.

Leute, es ist Zeit, dass wir endlich sagen: »Na, was dachtet ihr denn?« Es ist Zeit, dass wir unsere Gedanken und unser Bewusstsein nutzen, um zu zaubern und Wunder zu vollbringen.

Lasst uns Konfetti werfen

> »Konzentration ist unser wichtigstes Zauberwerkzeug.
> Sie ist der machtvollste Aspekt unseres Bewusstseins
> und der kreativste Aspekt. Sie ist der Brief im
> kosmischen Briefkasten, der Geist in der Flasche.«
>
> *Marian Lansky, amerikanische Grafikerin*

Am Silvesterabend 2012 nahm ich am Strand von Tybee Island in Georgia einen großen Stock und schrieb folgende Worte in den Sand: »E^2 wird ein internationaler Bestseller.« Und dann ließ ich den Ozean und die Wellen diese Botschaft hinaus in die Welt tragen.

Ich gebe zu, dass das eine ziemlich unkonventionelle Marketingstrategie ist. Eigentlich hätte ich doch wenigstens eine Leuchtreklame aufstellen müssen. Aber der jüngste Blick auf die Verkaufszahlen bestätigt mir die Wirksamkeit der Methode.

E^2 wurde in über dreißig Sprachen übersetzt. Es stand zwanzig Wochen auf der Bestsellerliste der *New York Times*, davon mehrere Wochen auf Platz eins. Und ich bekomme Rückmeldungen von Menschen überall auf der Welt: Sie alle *lieben dieses Buch*. Täglich erreichen mich E-Mails und Facebook-Nachrichten von begeisterten Leserinnen und Lesern, alle mit dem gleichen Tenor: »Heilige Sch...! Diese Sache funktioniert wirklich.«

Die spirituellen Prinzipien, die ich in E^2 präsentierte, sind nicht neu. Seit Jahrhunderten hört und liest man immer wieder von ihnen. Aber vor diesem Buch hat sie nie jemand in mundgerechten Happen serviert. Und sie wurden nie zuvor wissenschaftlich getestet.

Ich weiß, dass diese neun Prinzipien in meinem Leben funktionieren. Ich habe sie mit ziemlichem Erfolg dazu genutzt, in der ganzen Welt herumzujetten, mir Aufenthalte in Fünf-Sterne-Hotels zu gönnen, faszinierende Menschen zu treffen und, wenn nötig, Geld zu manifestieren. Was ich nicht wusste, war, wie gut sie auch im Leben anderer Leute funktionieren. Auch wenn ich nicht vorher schon restlos von diesen Prinzipien überzeugt gewesen wäre – was ich natürlich war –, könnte ich sie nach all diesen Erfolgsgeschichten, die meine Leser mir rückmeldeten, niemals wieder anzweifeln. Nein – mein Vertrauen in sie ist inzwischen so mächtig und standfest wie Mammutbäume.

Wie Jumbojets der Freude landeten jeden Morgen solche Mengen von Erfolgsgeschichten in meinem Postfach, dass ich sie kaum bewältigen konnte. Die unzähligen neuen Freunde, die ich durch das Buch gewann, schickten mir Updates über alles, was sie erlebten: vom Aufblühen neuer Liebesbeziehungen bis zu unerwartetem Geldsegen. Meine Lieblingsgeschichten stammen von Lesern, die gerade erst damit begonnen haben, auf die Wohltätigkeit des Universums zu vertrauen, und endlich erkennen, dass Einengung und Mangel einfach eine verrückte Geschichte sind, die wir selbst erfunden haben. Ein Leser schrieb dazu: »Für meinen inneren Skeptiker ist das eine ganz schön harte Nuss.«

Diese Wow!-Geschichten bereiteten mir so viel Vergnügen, dass ich während des ganzen Jahres 2013 fast ständig lächelnd durch die Gegend lief. Ich stemmte so oft die Faust in die Luft, dass mein rechter Bizeps fast so dick wurde wie der des Wrestlers und Schauspielers Dwayne (the Rock) Johnson. Ich glaube, wenn dieses Buch erscheint, sollte ich zum Ausgleich die linke Faust in die Luft recken!

Ich bin im Besitz von Bildern, Geschichten über unglaubliche »Zufälle« und unumstößlichen Beweisen, dass das Universum nur darauf wartet, dass wir diese Energie nutzen, die immer schon für unsere Freude und unser Wohlbefinden verfügbar war. Allein mit den Schmetterlingsgeschichten könnte man die ganze Kongressbibliothek füllen.

Für den Fall, dass Sie gerade erst zur Party erschienen sind: In E^2 gehörten Schmetterlinge zu den »Zeichen«, nach denen ich die Leute bat, Ausschau zu halten, um das Toyota-Prius-Prinzip zu beweisen. Dieses Prinzip lautet: »Du beeinflusst das Feld und ziehst aus ihm das in dein Leben, was deinen Glaubenssätzen und Erwartungen entspricht.«

Die Leute erlebten, wie Schmetterlinge sich mitten in der Wüste auf ein Stück Kuchen setzten, sie erblickten sie auf Klopapier, auf Jackenaufschlägen in Arztpraxen, auf einarmigen Banditen in Spielkasinos, um nur ein paar unmögliche Fundorte zu nennen, die mir gerade in den Sinn kommen. Manche Leute schrieben mir sogar: »Wie kann ich die Schmetterlinge wieder abschalten?«

Wenn Sie einmal anfangen, nach etwas Bestimmtem Ausschau zu halten, scheint es sich so rasant zu vervielfältigen wie im Disneyfilm *Fantasia* der Besen des Zauberlehrlings Micky Maus. Ein Leser, der sich dafür entschied, nach Clowns Ausschau zu halten, berichtete, dass er jetzt überall Clowns sieht: auf Reklameschildern in der Londoner U-Bahn, im Flugzeug auf Anzeigenseiten in den Bordmagazinen, in Bussen und Taxis und auf DVDs (jüngstes Beispiel war ein Film, in dem Denzel Washington und Mark Wahlberg in Clownmasken eine Bank überfallen), und dass er und seine Frau jetzt jedes Mal, wenn sie ins Auto steigen, den Song »Clown« von Emeli Sandé hören.

In einer auf materielle Dinge fixierten Welt überrascht es nicht, dass mich stapelweise Geschichten über sich unverhofft manifestierendes Geld erreichten. Leser fanden hier fünf Dollar, einen Glückspenny dort oder durften sich beispielsweise über eine Senkung ihrer Versicherungsprämien freuen. Der Rekord liegt zurzeit bei ... halten Sie sich fest ... hunderttausend Dollar innerhalb von fünf Tagen. Menschen wurden Blumen geschickt, oder sie baten um ein Zeichen und wurden daraufhin zu Schildern geführt, auf denen Dinge standen wie: »Wenn du auf ein Zeichen wartest – hier ist es.« Eine Leserin entschied sich, die Farbe Lila zu manifestieren. Daraufhin wurde sie zu einem Roller Derby eingeladen, das in einer Arena mit Tausenden von lilafarbenen Sitzplätzen stattfand.

Man darf also wohl sagen, dass E^2 sich zu einem Phänomen entwickelt hat. Es ist vom komischen Titel eines kleinen Buches zu einem Verb geworden. Statt von Zielsetzungen zu sprechen, sagen die Leute, dass sie ihre Wünsche »quadratieren«. Zum Beispiel: »Ich will ein Ticket fürs Super Bowl. Also werde ich's einfach quadratieren.« Oder: »Ich muss heute wissen, ob ich mich dieser Operation unterziehen soll oder nicht. Besser, ich quadratiere es.«

Mehrere Freunde schlugen vor, ich sollte aus all den bemerkenswerten Erfahrungsberichten ein Buch machen, eine Art

Hühnersuppe für Manifestationskünstler. Da ich aber eine Vorliebe dafür habe, meine eigenen Geschichten zu schreiben (und da zudem in Namibia mein altes Notebook crashte, sodass alle Lesergeschichten, die ich darin gesammelt hatte, verloren gingen), beschloss ich, ihrer Bitte wenigstens so weit nachzukommen, dass ich am Ende dieses Kapitels einige meiner Lieblingsgeschichten anfüge.

Manche dieser Geschichten werden im Wortlaut wiedergegeben, andere erzähle ich mit meinen eigenen Worten nach. Sie alle erinnern uns auf faszinierende Weise daran, dass wir als aktiv Mitwirkende in einem wohlwollenden Universum leben. Gott, um die Bezeichnung zu verwenden, mit der die meisten von uns vertraut sind, erschuf eine Welt, die sich immer weiter selbst erschafft.

Und die nachfolgenden Geschichten sind zudem eine gute Gelegenheit, uns die zentralen Prinzipien aus E^2 noch einmal vor Augen zu führen.

E^2 auf ein Neues und ein paar Lagerfeuergeschichten

> »Mit jeder Erfahrung, bei der Sie Ihre Angst überwinden, gewinnen Sie Stärke, Mut und Selbstvertrauen. Tun Sie das, wovon Sie glauben, es nicht tun zu können.«
>
> *Eleanor Roosevelt, einstige First Lady*

Die neun Energie-Prinzipien, über die ich in E^2 schrieb, betrachte ich weiterhin als das solide Fundament, das es uns ermöglicht, die eigene Realität zu meistern. Und auch wenn ich den Gedanken liebe, dass diese Prinzipien längst sicher auf ihren beiden

Beinen stehen, kann es doch nicht schaden, die Botschaft erneut zu hören. Immerhin ist unsere alte Konditionierung tief verwurzelt, und wir fallen schrecklich leicht wieder in sie zurück. Wenn wir lernen, veraltete kulturelle Paradigmen zu durchbrechen, ist es wichtig, das neue Paradigma immer wieder einzuüben, bis es uns in Fleisch und Blut übergegangen ist. Bis Sie gar nicht mehr darüber nachdenken müssen. Bis es selbstverständlich für Sie wird, ein Leben voller Segnungen und Wunder zu führen.

1. Das Beweis-es-mir-Prinzip:
Es gibt eine unsichtbare energetische Kraft oder ein Feld unbegrenzter Möglichkeiten

> »Es gibt eine unsichtbare Dimension, von der die sichtbare unterstützt und getragen wird.«
> *Joseph Campbell, amerikanischer Mythenforscher*

Bei diesem Experiment, das einem Ultimatum gleichkommt, forderte ich die Leute auf, dem Feld genau achtundvierzig Stunden Zeit zu geben, sich unmissverständlich bemerkbar zu machen, und zwar durch ein klares, eindeutiges Zeichen, das sich nicht als Zufall abtun lässt.

Hier sind einige Beispiele:

- »Ich entdeckte, dass ich Apple-Aktien im Wert von zwanzigtausend Dollar besaß, von denen ich gar nichts wusste. Und ein Produzent aus England rief an und wollte mich für eine Dating-Show engagieren.«

»Ich wollte keine 48 Stunden warten. Stattdessen legte ich die Deadline auf meinen Flug am nächsten Tag. Und was geschah? Ich saß im Flieger neben einer echten Berühmtheit: dem Gitarrenspieler von Lynyrd Skynyrd.«

»Ich las Ihr erstes Experiment meinem Mann vor und bat ihn, zugleich um ein unerwartetes Geschenk zu bitten. An diesem Abend gewann er einen Fernseher im Wert von 1500 Dollar.«

»Beim ersten Experiment bat ich das Universum um ein hundertprozentig eindeutiges Zeichen. Am nächsten Morgen setzte ich mich an den Schreibtisch und schaltete das Radio ein. Wissen Sie, welcher Song gerade gespielt wurde? ›Johanna‹ von Kool and the Gang! Diesen Song hatte ich seit Jahren nicht gehört. Ich heiße Johanna, und als sie ›Johanna, I love you‹ sangen, wusste ich, das Universum wollte mir sagen, dass ich geliebt werde.«

»Ich wuchs als Einzelkind auf und wünschte mir immer sehnsüchtig Brüder und Schwestern. Jahrelang glaubte ich, außer zwei entfernten Cousins in Südkalifornien keine lebenden Verwandten zu haben. An einem Donnerstagabend um 22 Uhr setzte ich dem Universum eine Frist von 48 Stunden. Am nächsten Morgen erhielt ich eine Nachricht von einem meiner Cousins … und am nächsten Montag hatte ich über vierzig neue Freunde: Verwandte, überwiegend Cousins und Cousinen ersten und zweiten Grades, von deren Existenz ich zuvor gar nichts gewusst hatte.«

»Ich nahm an einer Veranstaltung teil, wo im Freien gemalt wurde und eine Verkaufsausstellung stattfand. Ich verkaufte die beiden Bilder, die ich dort malte, und fünfzehn weitere. Vor zwei Jahren hatte ich bei diesem Event *kein einziges* Bild verkauft!«

»Völlig überraschend schenkte mir eine Bekannte, die wusste, dass ich mich verlobt hatte, siebentausend Dollar für mein Hochzeitskleid. Ich bin alleinerziehende Mutter von vier Kindern – alle Autos, die ich in jenen Jahren gefahren hatte, waren zusammen weniger wert. Doch durch eine Verkettung glücklicher Umstände verbrachte ich einen Nachmittag damit, edel einzukaufen, gut essen zu gehen, und obendrein traf ich noch Lissa Rankin, eine andere meiner Lieblingsautorinnen.«

»Ich manifestierte zehntausend Dollar von einem katholischen Priester, von dem ich seit vier Jahren nichts gehört hatte. Und dabei bin ich gar kein Katholik mehr. Das ist wirklich wahr: Er schenkte mir zehntausend Dollar, ohne irgendeine Gegenleistung zu erwarten.«

2. Das Toyota-Prius-Prinzip:
Du beeinflusst das Feld und ziehst aus ihm das in dein Leben, was deinen Glaubenssätzen und Erwartungen entspricht

»Nichts ist trügerischer als eine offensichtliche Tatsache.«
Arthur Conan Doyle, englischer Schriftsteller

Um dieses Prinzip zu beweisen, sollten die Leserinnen und Leser mithilfe des Feldes einige einfache Dinge manifestieren, zum Beispiel Autos, die in der Farbe Sonnenuntergangsbeige lackiert sind, Schmetterlinge oder Vogelfedern.

Und das haben sie erlebt:

»Hätte diese Erfahrung nicht auf so irre Weise alle meine Erwartungen übertroffen, würde ich Sie damit nicht behelligen. Ich arbeitete heute den ganzen Tag zu Hause an meinem Laptop, sodass ich sicher war, keine grünen Autos oder gelbe Schmetterlinge zu sehen. Aber die Frist für das Experiment läuft ja noch bis morgen Abend. Vorhin nach dem Abendessen bat mich mein Freund (der nichts von meinem Experiment wusste), mit ins Wohnzimmer zu kommen, weil er mir etwas zeigen wollte. Er hatte ein frühes Geburtstagsgeschenk, das er selbst für mich gebastelt hatte ... ein Schmetterlingshaus! Und es sind lebende Schmetterlinge in dem kleinen Haus! Ich darf mich jetzt ein paar Tage am Anblick der Schmetterlinge freuen, dann lassen wir sie frei. Zehn Minuten lang war ich völlig sprachlos. Und ich hoffe, dass morgen grüne Autos unterwegs sind!«

»Ich wollte einen klaren Beweis, deshalb bat ich das Universum, mir unterschiedliche Autofarben zu zeigen ... von Lila über Gelb zu Orange. Und ja, ich sah sie alle. Doch ich bin stur und wollte sichergehen, dass das Universum mir wirklich zuhört und die Sache kein Zufall war ... denn ich hatte zwar die gewünschten Farben gesehen, aber sie waren ja nicht völlig außergewöhnlich. Ich beschloss, mir eine wirklich verrückte Farbkombination auszudenken … ein rosa Lieferwagen mit weißen Tupfen. Zwei Tage später überholte ich einen rosa Lieferwagen mit weißen Punkten!«

»Ich befand mich im zweiten Teil von Experiment Nr. 2 und hielt Ausschau nach lila Vogelfedern – mitten im Winter in Colorado. Ich war skeptisch. Mein Cousin hatte bei der Überschwemmung in Colorado im vergangenen September seinen Sohn verloren, und ich schaute mir oft die von Freunden und Verwandten geschickten Updates auf seiner Facebook-Seite an. Und wissen Sie, was Wesley auf einem der Fotos trug, die auf der Seite gepostet wurden? Ein Stirnband, in dem eine lila Vogelfeder steckte. Ich war fassungslos!«

Das folgende Beispiel ist für all jene, die immer noch an die Idee der Zeit glauben und deswegen frustriert sind (aber es handelt sich nun einmal um eine ziemlich überzeugende Illusion):

»Ich konzentrierte mich darauf, einen roten Flummi zu manifestieren (noch so ein Hammer, dachte ich). Achtundvierzig Stunden später … kein Flummi … das war vor drei Wochen … und heute? Immer noch kein Flummi. Ich gab auf und dachte, ich hätte mich einfach nicht genug konzentriert. Doch vorhin … und zwar genau an der Kreuzung, wo ich den Wagen in der Farbe gebranntes Orange gesehen hatte, rollte ein roter Flummi vor mir auf die Straße, als wollte er sich einen Spaß mit mir machen. Ich sprang aus dem Wagen, wich den anderen Autos aus und hob ihn auf. Jetzt halte ich ihn in der Hand.«

3. Das Alby-Einstein-Prinzip:
Auch du bist ein Energiefeld

> »So etwas kann man gar nicht erfinden.«
>
> *Drew, Leser von E^2*

Experiment Nr. 3, das beweist, dass wir Menschen eigentlich sich bewegende Energieströme sind, erwies sich als echter Knüller. Ich erklärte, wie sich die Leser aus Drahtkleiderbügeln »Einstein-Zauberstäbe« basteln können. Mithilfe dieser selbst gebastelten Energie-Zauberstäbe konnten die Leute ihr Denken in Aktion beobachten. Positive, glückliche Gedanken »öffnen« die Zauberstäbe. Negative Gedanken bewirken, dass sie sich »schließen«, also die Spitzen zueinander zeigen.

Leslie Draper, eine Intuitive aus Oklahoma, die sich »die Bible-Belt-Mystikerin« nennt, ging in ihre lokale Wäscherei und besorgte sich 50 Kleiderbügel, aus denen sie Zauberstäbe für alle ihre Klienten herstellte. Unter ihren Klienten sind auch mehrere Ärzte, die, wie sie es beschrieb, »hin und weg« waren. Sie hat sogar ein YouTube-Video mit den Zauberstäben veröffentlicht, und inzwischen gibt es im Internet Dutzende dieser Videos, in denen anschaulich demonstriert wird, wie unsere Gedanken ins Universum hineinwirken.

Ein Leser aus Florida berichtete mir, dass er die Zauberstäbe mit in seine Stammkneipe genommen hatte, um seine Freunde zu beeindrucken. Ein anderer schlug vor, ich sollte sie in Serie fertigen und bei Toys »R« Us verkaufen. Auch habe ich gehört, dass Drahtkleiderbügel in skandinavischen Ländern selten geworden sein sollen. (Oder waren sie das vielleicht vorher schon?)

4. Das Abrakadabra-Prinzip:
Alles, worauf wir uns konzentrieren,
wächst und vermehrt sich

> »Indem wir leidenschaftlich an etwas glauben,
> das noch nicht existiert, erschaffen wir es.«
>
> *Nikos Kazantzakis, griechischer Schriftsteller und Philosoph*

Bei diesem Experiment forderte ich die Leute auf, eine Bestellung aus dem Kosmischen Katalog des Lebens aufzugeben. Sie sollten etwas Einfaches in ihr Leben ziehen, das nicht sofort starken inneren Widerstand auslöst.

Hier sind ein paar Berichte meiner Leserinnen und Leser:

- »Es ist verblüffend! Ich habe mir selbst eine Postkarte geschickt, so, wie Sie es im Buch beschreiben: Ich schrieb aus der Perspektive einer anderen Person, die begeistert von meiner Fotoausstellung ist und mir einen Vertrag anbieten will. Nun, diese Karte schickte ich Donnerstag ab, und am Freitag wurden mir gleich zwei Verträge angeboten! Und dabei war die Postkarte noch gar nicht eingetroffen. Jetzt bin ich überzeugt. Es liegt ganz allein bei mir, zu entscheiden, was ich in meinem Leben verwirklichen will.«

- »Ich bestellte ›Gratisgeld‹. Ein Paar Tage lang geschah nichts ... dann – zack! – schickten mir gleich *drei* meiner Klienten Geschenkkarten (insgesamt hundertsechzig Dollar bei Starbucks und fünfzig Dollar bei Target), und ich wurde gebeten, auf einer großen Party beim Dinner Witze zu erzählen, wofür sie mir einen Scheck über zweihundertfünfzig Dollar schickten ... macht zusammen vierhundertsechzig Dollar in nur einer Woche.«

»Heute ging ich spazieren. Auf halbem Weg bekam ich Lust auf einen Kaffee, hatte aber kein Geld eingesteckt. Also machte ich ein Experiment. Ich bestellte, dass ich etwas Geld auf dem Boden finden würde, genug für einen Kaffee. Ich dachte: *Es muss einen Weg für mich geben, auch ohne mein Geld einen Kaffee genießen zu können.* Während ich weiterging, suchte ich die Umgebung nach herumliegenden Geldstücken ab. Dann kam ich zu einem Park. Ich hob den Kopf, und genau vor mir stand ein Lieferwagen mit einem großen Schild: *Kaffee und Süßigkeiten gratis!* Der Mann in dem Wagen machte mir einen Latte!«

»Ich manifestiere fröhlich drauflos, und dabei ist mir gerade ein echter Volltreffer gelungen! Bevor ich E^2 las, hatte ich noch nie von Lawrence Block gehört. Doch als Sie sein Buch *Write for Your Life* erwähnten, bekam ich eine Gänsehaut. Ich wollte es unbedingt lesen. Aber alle meine Versuche, es hier in Australien zu beschaffen, scheiterten. Es war seit Langem nicht mehr lieferbar. Ich besuchte seine Webseite – er ist ganz schön produktiv, nicht wahr? – und fragte per E-Mail, ob er vielleicht noch ein Restexemplar unter dem Kopfkissen hätte. David Trevor antwortete und teilte mir mit, es gäbe irgendwo noch ein paar Exemplare. Er würde das prüfen, sie, falls vorhanden, auf eBay anbieten und mir Bescheid geben. Am nächsten Morgen schickte er mir eine E-Mail mit einem Link zu eBay, wo die verbliebenen 25 Exemplare des Buches (von Lawrence Block signiert) zum Kauf angeboten wurden. Aufgeregt wollte ich eines davon kaufen, doch leider verschwand das letzte aus dem Angebot, als ich gerade meine elektronische Zahlung abwickeln wollte. Ich schickte David eine neue E-Mail, in der ich meine große Enttäuschung zum Ausdruck brachte. Er antwortete sehr verständnisvoll und bot mir ein gebrauchtes Exemplar an, das er mir gerne verkaufen würde (denn schließlich würden sie mir ja diesen eBay-Hype verdanken). *Dieses Exemplar hatte Lawrence Blocks verstorbener Mutter gehört!* Sie hatten es kürzlich zurückerhalten, und *LB hat es für seine Mutter signiert!* Wie cool ist das denn? Ich bin ja so aufgeregt! Kann kaum erwarten, es zu lesen.«

»Ich bestellte eine ›Gratislieferung‹ Fleisch. Heute Abend kam meine Freundin vorbei, um ihre Tochter zu bringen, die das Wochenende bei uns verbringt. Sie brachte zwei Pizzen mit besonders fleischreichem Belag und zwei Packungen Hähnchenschnitzel mit.«

»Obwohl Billy Joel angekündigt hatte, keine Konzerte mehr zu geben, sagte ich: ›Ich würde gerne ein Konzert mit Billy Joel erleben.‹ Und zwei Tage später wird bekanntgegeben, dass ein Silvesterkonzert mit ihm im Barclay Center stattfindet! Ich denke, E^2 ist eine ganz tolle Sache.«

»Freitagabend forderte ich den Ohrring zurück, den ich verloren hatte. Das mag zunächst unbedeutend erscheinen, aber diese Ohrringe sind ein Geschenk meines Sohnes Dustin. Im Jahr 2009 stürzte er im Alter von siebzehn Jahren von einer Klippe. Er war immer unser Goldjunge gewesen. Sie können sich vorstellen, wie traurig ich war, als ich im vergangenen Sommer das Verschwinden des Ohrrings bemerkte. Jetzt lief das Wasser im Waschbecken nicht mehr gut ab. Mit einem Zahnstocher versuchte ich, die Haare aus dem Abfluss zu entfernen. Dabei sah ich unten im Abfluss etwas Rundes. Ich zog es mit dem Zahnstocher heraus – es war mein Ohrring! Keine 48 Stunden, nachdem ich mein Ultimatum gestellt hatte, ist der Ohrring wieder da.«

5. Das Leserbrief-Prinzip:
Deine Verbundenheit mit dem Feld sorgt dafür, dass du jederzeit präzise und umfassende Wegweisungen erhältst

> »Wir machen uns selbst entweder glücklich oder unglücklich.
> Der Arbeitsaufwand ist in beiden Fällen gleich.«
>
> *Carlos Castaneda, Anthropologe*

Dieses Experiment ermutigte die Leser dazu, ihren Glauben an Isolation und Getrenntheit aufzugeben und sich für die Möglichkeit zu öffnen, dass die Antwort auf jede Frage jederzeit verfügbar ist.

»Vor gut einem Monat verlor ich meine Diamantkette, die ich seit dreiunddreißig Jahren fast täglich trug. Gestern räucherten wir draußen auf unserem Grill Fleisch. Ich unternahm einen mehrstündigen Spaziergang mit unseren Hunden. Als ich zurückkam und nach dem Fleisch schaute, lag die Kette vor mir auf dem Boden. Sie glänzte, als käme sie frisch aus dem Schmuckreiniger. War sie in einer anderen Dimension gewesen und ist dann hierher zurückversetzt worden?«

»Ein paar Tage zuvor hatte ich das Feld des grenzenlosen Potenzials (FP) gebeten, mir, falls ich selbst schwanger bin, zwei schwangere Frauen zu zeigen, bevor ich in meinen Anschlussflug nach New York stieg. Als ich aus dem Flieger stieg, sah ich die erste. Mein Anschlussflug hatte eine Stunde Verspätung. Also ging ich am Flughafen in die Buchhandlung und betrachtete das Zeitschriftenregal. Ein Magazin flog regelrecht herunter und landete aufgeklappt auf dem Boden. Und was erblickte ich auf der aufgeschlagenen Seite? Ein Foto der *sehr* schwangeren Jennifer Love Hewitt.«

»Ich fragte Gott/das Universum, welches von drei Büchern ich als Erstes schreiben sollte. Ich listete die drei auf, an denen ich arbeitete – einen Roman, ein Sachbuch und meine Lebensgeschichte. Als die 48 Stunden zur Hälfte um waren, sah ich ein Facebook-Posting von jemandem, der sonst *nie* Zitate postet: ›Wenn du die Geschichte deines Lebens aufschreibst, solltest du dir von niemandem die Feder führen lassen.‹ Wow! Ich kann nur sagen: Wow!«

»Ich bat um etwas, das mir ein strahlendes Lächeln ins Gesicht zaubern würde. Ich textete, während ich das Gebäude betrat, in dem der Daily Love Workshop mit Mastin Kipp stattfand. Ich blickte erst auf, als ich jemandem die Tür aufhielt. Es war Mastin Kipp persönlich – strahlendes Lächeln!«

»Vor drei Jahren verlor ich bei der Gartenarbeit einen Goldring. Nachdem ich dieses Buch gelesen hatte, wollte ich die Sache ausprobieren und bat das FP, den Ring für mich zu finden. Ungefähr eine Woche später putzte ich hinter dem Küchenherd und fand dabei den Ring! Ich war wirklich verblüfft. Wie war er dorthin gelangt? Das war für mich ein noch überzeugenderer Beweis, als wenn ich den Ring im Garten gefunden hätte. Diese Experimente funktionieren tatsächlich!«

»Meine Frage lautete: Soll ich für den geplanten Kauf eines Hauses einen Kredit aufnehmen? Ich lebe im ländlichen Missouri. An meinem Haus führt eine Bahnlinie vorbei. Als ein Zug vorbeikam, betrachtete ich das Graffiti darauf. *Nein* stand dort groß und deutlich. Unglaublich! Heute Morgen setzte ich mich nach draußen und fragte laut: ›Stimmt es also, dass NEIN die Botschaft für mich ist?‹ Im nächsten Moment höre ich das Läuten am Bahnübergang, und es kommt ein Zug. Es war ein langer Kohlenzug, der von zwei Loks gezogen wurde. An der zweiten Lok standen beide Türen weit offen und schwangen im Wind. Das habe ich noch nie erlebt. Und auf dem ersten Waggon stand dieses Graffiti: *Frage mich alles, was du willst. Ich liebe dich. Ich liebe dich.*«

6. Das Superhelden-Prinzip:
Dein Denken und Bewusstsein
wirken sich auf die Materie aus

> »Die Lektion beginnt mit vier Worten. Wenn Sie alles andere wieder vergessen, was ich Ihnen gesagt habe, merken Sie sich diese Worte wie ein Mantra: Gedanken sind die Ursache.«
>
> *Pat Heldman, amerikanische Autorin*

Dieses Experiment, bei dem Bohnensamen in Eierkartons gezogen wurden, war besonders bei Müttern und ihren Kindern beliebt. Dieses Experiment dupliziert ein Experiment, das Dr. Gary Schwartz an der Universität von Arizona durchführte. Ich bat die Leser, der einen Pflanzreihe Licht, Liebe und gute Absichten zu senden und die andere völlig zu ignorieren. Ich besitze eine ganze Fotogalerie, die dokumentiert, dass jene Samen, die liebevolle Zuwendung erhielten, rascher keimten und schneller und stärker wuchsen als ihre ignorierten Artgenossen.

Und ich möchte die folgende E-Mail mit Ihnen teilen:

> »Hier ein kleiner Bericht, der Grund zur Freude ist. Nachdem ich vor ein paar Monaten das Experiment durchgeführt hatte, wollte ich die Bohnenkeimlinge nicht einfach wegwerfen. Also suchte ich mir auf dem ziemlich kahlen Grundstück unseres Mietshauses die fruchtbarste Stelle und pflanzte sie dort aus. Und heute Morgen konnte ich frische grüne Bohnen ernten! Dabei hatte ich bisher immer einen ›braunen Daumen‹, und meine Versuche, etwas zum Grünen und Blühen zu bringen, scheiterten meistens.«

7. Das Idealfigur-Prinzip:
Dein Denken und Bewusstsein steuern den Zustand deines physischen Körpers

> »Es gibt im Universum keine physikalischen Gesetze. Sie sind eher Vorschläge.«
>
> *Sri Aurobindo, indischer Heiliger*

Dieses Experiment bewies, dass unsere Gedanken sich in einem ständigen Tanz mit unserem Körper und unserer Nahrung befinden. Während ich in der letzten Stunde an diesem Kapitel arbeitete, erhielt ich zwei E-Mails von Leserinnen, die berichteten, sie hätten durch das Idealfigur-Experiment etliche Pfunde abgenommen. Das bedeutet: Man muss dafür nichts tun, außer sein Essen segnen und sich von alten Mustern der Selbstkasteiung befreien.

Hier einige Beispiele, wie viele Kilos Leserinnen und Leser abnahmen, einfach indem sie ihr Denken änderten:

- 1,5
- 2,2
- 1
- 1,1

Eine Leserin nahm acht Kilo ab, allein dadurch, dass sie sich »nicht mehr schuldig fühlte. Ich gab mir die Erlaubnis, alles zu essen, was ich gerne essen wollte«.

8. Das 101-Dalmatiner-Prinzip:
Du bist mit allem und jedem im Universum verbunden

> »Wer nicht an Magie glaubt, wird sie niemals finden.«
> *Roald Dahl, Autor des Romans* Charlie und die Schokoladenfabrik

Dieses auch als *Nichtlokalität* bekannte Prinzip veranschaulichte ich durch ein Experiment, bei dem ich die Leser aufforderte, anderen Menschen Botschaften zu übermitteln, ohne dabei auf E-Mails, Briefe oder laute Explosionen zurückzugreifen.

»Heute (19.11.2013), morgens um 8.30 Uhr, begann ich Experiment Nr. 8. Ich entschied mich dafür, zwei Personen zu übermitteln, dass sie mich anrufen sollten: einem guten Freund, den ich schon seit vierzig Jahren kenne, und einer alten Liebe. Mit beiden habe ich schon lange nicht mehr gesprochen. Also setzte ich meine klare Absicht fest. Ich öffnete sogar die Haustür, sprach die vollständigen Namen der beiden laut aus und fügte hinzu: ›Ruf mich an.‹ Nach nur fünfzehn Minuten rief meine alte Freundin an.«

»Ich vermisste eine alte Freundin, die schon seit zwei Jahren nichts mehr von sich hören ließ. Diese Absicht übermittelte ich dem FP, und tatsächlich: Innerhalb von dreißig Minuten rief sie mich an!«

»In Ihrem Buch berichten Sie von der Sache mit dem Nagel. Ich tue mich noch schwer mit dieser Idee, dass wir Dinge manifestieren können. Ich war fasziniert und, ich gebe es zu, neidisch. Ich sagte zum Universum: ›O Mann, ich hätte auch gern so ein tolles Erlebnis wie Pam Grouts Nagelwunder!‹ Und da ich nicht wirklich damit rechnete, schob ich den Gedanken beiseite. Während ich mich heute Morgen anzog, stand ich vor meinem Wandschrank. Ich bemerkte etwas auf dem Boden, schaute genauer hin, und da lag ein Nagel! Ich musste lauthals lachen. Ja, das Feld hat wirklich Sinn für Humor. Ich konnte es förmlich sagen hören: ›Du möchtest also einen Nagel? Hier ist er.‹ Hätte ich Ihr Buch nicht gelesen, hätte ich diesen Nagel gefunden und mir nichts weiter dabei gedacht, mich höchstens gewundert, wie er dort auf den Teppich gekommen war. Für mich war das eine wirklich beeindruckende – und ganz schön verrückte! – Demonstration dafür, wie sehr wir mit dem Universum verbunden sind.«

»Mein jüngstes Experiment war einfach umwerfend! Es war dieses Experiment, bei dem man mithilfe der Idee der Nichtlokalität einem anderen Menschen eine Botschaft übermitteln soll. Dabei schlugen Sie vor, eine Person zu wählen, der man schon persönlich begegnet ist, und Sie erwähnten Bruce Rosenblums Behauptung, wir seien für immer mit allen Menschen quantenphysikalisch ›verschränkt‹, denen wir je die Hand geschüttelt haben. Das weckte meine Aufmerksamkeit, denn die Person, auf die ich mich konzentrieren wollte, war meine Urgroßtante Neva, der ich nie begegnet bin, denn sie starb 1926 alleinstehend und kinderlos. Ich besitze einen Ring, ein Familienerbstück, das einst ihr gehörte, und da wir beide diesen Ring getragen haben, sagte ich mir, dass das durchaus mit einem ›Händeschütteln‹ vergleichbar sein müsste. Und dass wir blutsverwandt sind, sagte ich mir, könnte vielleicht das Kriterium ersetzen, ihr persönlich begegnet zu sein. Der allzu frühe Tod meiner Urgroßtante riss ein klaffendes Loch in meinen Stammbaum. Sie war immer so etwas wie ein Familienmysterium gewesen. Niemand wusste wirklich, wann oder wo sie gestorben war. Also probierte ich gestern auf der Fahrt zur Arbeit Ihr Experiment aus. Ich formulierte meine Gedanken ungefähr so: *Hallo, Neva, hier ist deine Urgroßnichte. Ich möchte gerne wissen, was mit dir geschah, wo du gestorben bist und wann, damit ich deine Geschichte an meine Kinder und deren Nachkommen weitergeben kann. Wirst du mir in dieser Sache bitte helfen? Vielen lieben Dank!* Während meiner Mittagspause surfte ich im Internet. Dabei wurde ich von Ancestry.com benachrichtigt, dass es eine neue Information zu meinem Stammbaum gäbe. Sonderbar daran ist, dass der Tod meiner Urgroßtante in Kalifornien registriert war, wo ich zuvor schon mehrfach erfolglos gesucht hatte. Und plötzlich waren alle Daten vorhanden: Los Angeles County, Kalifornien, 3. September 1926. Aber wie war es möglich, dass dieser Eintrag ausgerechnet an diesem Nachmittag entdeckt wurde? An dem Tag, an dem ich mit Neva ›gesprochen‹ und sie um Hilfe gebeten hatte? … Das ist verblüffend! Dieses Experiment funktioniert sogar mit Menschen, die seit über achtzig Jahren tot sind!«

9. Das Brot-und-Fisch-Prinzip:
Das Universum ist grenzenlos, reich und
sorgt auf erstaunliche Weise für uns

> »Wir sollten nicht länger geblendet von Dunkelheit
> und Verwirrung durchs Leben laufen und
> an jeder Wand und in jeder Ecke Schatten sehen.«
>
> *Michele Longo O'Donnell, amerikanische Autorin*

Um dieses Prinzip zu beweisen, bat ich die Leserinnen und Leser, achtundvierzig Stunden lang Gutes und Schönes zu suchen. Auf diese Idee brachte mich der Paläontologe Stephen Jay Gould, der es als unsere Pflicht und heilige Verantwortung bezeichnete, die unzähligen kleinen gütigen und liebevollen Handlungen wahrzunehmen und zu ehren, die sonst, trotzdem sie bei Weitem überwiegen, allzu oft unbeachtet und ungesehen bleiben würden.

Weil diese Listen sehr umfangreich waren (schließlich passieren täglich Hunderttausende gute Dinge) und sich unmöglich veröffentlichen ließen, beschloss ich, einige von den vielen Hundert humorvollen Geschichten auszuwählen, die mir zugesandt wurden. Das FP hat eindeutig Sinn für Humor!

> »Ich kam viel zu spät zur Geburtstagsparty einer Freundin und suchte verzweifelt einen Parkplatz. Nachdem ich mehrere vergebliche Runden gedreht hatte, beschloss ich, meinen Wunsch zu ›quadratieren‹. Halb im Scherz sagte ich zu meinen Kindern: ›Was wir brauchen, ist das Ende eines Kinofilms, sodass alle wegfahren.‹ Als ich diesen ›Befehl‹ gegeben hatte, wurde sofort unmittelbar vor dem Restaurant eine Parklücke frei. Ungefähr zur selben Zeit fuhr vor

dem Kino ein Feuerwehrauto vor, und Hunderte Menschen strömten eilig heraus.« Es endete nicht nur ein Film (wie gewünscht), sondern wegen eines Feuers mussten alle zwölf Säle des Kinos evakuiert werden.«

»Mein ›kleines Geschenk‹ wurde mir von einem Zeugen Jehovas überbracht. Genau einundzwanzig Stunden nachdem ich mit dem Experiment begonnen hatte, gab er mir ein kleines Büchlein, auf dessen Rückseite ›Gott ist ein unendlicher Geist‹ stand. Und er hat wirklich Sinn für Humor.«

»Während ich heute Morgen in einem örtlichen Restaurant frühstückte, bat ich das Universum um ein unerwartetes Geschenk innerhalb der nächsten achtundvierzig Stunden. Als ich nach ein paar Besorgungen nach Hause zurückkehrte, wartete dort mein Geschenk auf mich: Sechs Babyenten paddelten in meinem Pool herum! Mein Mann war sprachlos. Ich habe keine Ahnung, wo sie herkamen. Das Universum ist nicht nur schnell, es hat außerdem Sinn für Humor! Was für ein schönes Geschenk. Meine Kinder und ich trieben die Entlein zusammen und dirigierten sie behutsam hinüber zum Teich des benachbarten Golfklubs.«

»Eine der erstaunlichsten Synchronizitäten, die ich je erlebt habe, ereignete sich, als ich anfing, dieses Buch zu lesen. Meine Frau war, wie an jedem Abend, gerade damit beschäftigt, auf ihrem Smartphone einige Onlineformulare auszufüllen. Manchmal sind die ›Captchas‹, die sie ausfüllen muss, um zu beweisen, dass sie ein Mensch und kein

Computer ist, ziemlich sonderbar oder witzig. Dann liest sie sie mir vor. Gestern Abend war ›Beweis es mir‹ darunter. Das fand sie seltsam, und ich sagte: ›Hm, interessant.‹ Dann dachte ich nicht weiter darüber nach. Eine halbe Stunde später begann ich, E^2 zu lesen, und das erste Experiment heißt natürlich ›Beweis es mir‹. Dass es dabei darum geht, von ›Gott‹ einen unwiderlegbaren Beweis seiner Existenz zu erbitten, der sich nicht durch Zufälle erklären lässt, hat uns sehr beeindruckt.«

Bevor wir mit den Experimenten beginnen, werde ich Sie um einen Gefallen bitten. Es ist etwas ganz Simples, wird Sie nicht einen Cent kosten und ist in drei Sekunden erledigt.

Sind Sie bereit?

Ich möchte gerne, dass Sie diese Seite aus dem Buch herausreißen.

Also … nicht, dass ich allwissend wäre oder dergleichen, aber, wie mir scheint, ist die Seite, die Sie herausreißen sollten, noch an ihrem Platz.

Warum?

Hat man Sie möglicherweise darauf konditioniert, dass »gute Menschen« keine Seiten aus Büchern herausreißen? Hat man Ihnen beigebracht, dass Bücher zum Lesen da sind und dass es zu Ihren Pflichten als braver, gesetzestreuer Bürger gehört, Ihre Bücher schön sauber und fleckenfrei zu halten?

Da kann ich nur sagen: Ihre Mutter wäre stolz auf Sie.

Doch die Seite, die Sie herausreißen sollten, ist völlig wertlos. Es steht absolut nichts Wichtiges darauf, und sie ist für den Inhalt dieses Buches vollkommen irrelevant.

Bis auf einen Punkt: Sie beweist ein Prinzip, das ich in diesem Buch häufig wiederholen werde. Sie und alle Menschen wie Sie haben im Leben eine Menge Lektionen gelernt, die Ihrem Glück im Weg stehen. Sie haben eine Menge Informationen gesammelt, die nicht gut für Sie sind.

Man hat Ihnen eine Menge Dinge beigebracht, die nicht wahr sind und Sie davon abhalten, Ihr wahres Potenzial zu entfalten.

Diese Seite, die Sie herausreißen sollten, beweist außerdem das eine, wodurch dieses Buch sich von allen Büchern unterscheidet, die Sie je gelesen haben. Diese Botschaft befindet sich nicht in den Buchstaben, mit denen diese Seiten bedruckt sind. Die Botschaft ist in *Ihnen*. Und Sie werden diese Botschaft nur empfangen, wenn Sie den Hintern hochkriegen und die Experimente machen, und zwar genau so, wie ich es Ihnen erklären werde. Tun Sie mir also jetzt bitte den Gefallen und *reißen diese blöde Seite aus dem Buch?*

2. TEIL

DIE EXPERIMENTE

»Also, meine Mitschöpfer – ich bin neugierig! Da ihr und ich dafür verantwortlich sind, eine Neue Erde zu erschaffen – nicht nur dafür, diese sterbende Kultur niederzureißen –, womit sollen wir beginnen? Welche Geschichten sollen das Herz unserer Experimente bilden? Welche Fragen werden unsere Orakel sein?

Hier ist, was ich euch sage:
Auf der Neuen Erde, die wir erschaffen, werden wir den Kult der Schwarzseherei lächerlich machen und uns für das Gute öffnen. Wir werden über die Dummheit von Bosheit und Hass lachen. Wir werden auf brillante Weise loben und erschaffen. Wie verrückt uns auch der Zustand der Welt erscheinen mag, wir werden furchtlos sein, weil wir das große Geheimnis kennen: Die gesamte Schöpfung hat sich verbündet, um uns mit Segnungen zu überschütten. Das Leben liebt uns unglaublich – es ist ganz schamlos und unschuldig in uns verliebt.«

Rob Brezsny, aus: Pronoia Is the Antidote for Paranoia

DIE VORBEREITUNGEN

WIE SIE DIE MAGIE FREISETZEN KÖNNEN

>»Theorien können inspirierend sein,
> aber Experimente bringen uns wirklich voran.«
>
> *Amit Kalantri, indischer Autor*

Korollar, das

Satz, der aus einem bewiesenen Satz folgt, von ihm abgeleitet wird.

Wenn Sie E^2 gelesen haben, kennen Sie meine Auffassung, dass Spiritualität und abstruse Konzepte wie jenes, dass der Geist die Materie erschafft, bewiesen und nicht einfach geglaubt werden sollten. Über Jahre boten diese Prinzipien lediglich anregenden Gesprächsstoff für Dinnerpartys oder dienten als interessantes Predigtmaterial.

Aber weil wir immer nur über sie theoretisiert, sie aber nicht praktisch angewandt haben, wurde unsere Welt nicht so auf den Kopf gestellt, wie es nötig wäre. Ohne praktische Anwendung bleiben diese Prinzipien bloß Abstraktionen und esoterische Wohlfühl-Hirngespinste! In diesem Buch liegt, wie bei seinem Vorgänger, die Betonung auf der praktischen Anwendung und dem Sammeln konkreter Erfahrungen, nicht auf der Theologie.

Dass Sie mit allem und jedem im Universum verbunden sind, ist nicht bloß eine verblüffende Neuigkeit. Es ist eine Tatsache, die Sie nutzen sollten. Dass Ihre Gedanken Energiewellen sind, die hinaus ins gigantische Feld des unbegrenzten Potenzials gesendet werden, ist eine Realität, der Sie sich bewusst sein sollten. Machen Sie davon tagtäglich Gebrauch! Manche Leute vertreten sogar die Auffassung, dass wir hundert Jahre damit vergeudet haben, über diese Prinzipien vor allem zu reden, statt sie aktiv einzusetzen, um unsere Welt, unser Leben und unsere Beziehungen zu verbessern.

In jedem der folgenden Kapitel präsentiere ich Ihnen einen Folgesatz, ein Korollar, zu den spirituellen Prinzipien aus E^2. Und ich stelle Ihnen jeweils ein empirisches wissenschaftliches Experiment vor, mit dem Sie die Gültigkeit dieses Korollars beweisen können. Sie alle dienen dazu, Ihnen schlüssig zu beweisen, dass Sie mit dem Feld des unbegrenzten Potenzials, dem FP, verbunden sind. Und damit wird bewiesen, dass die Quantenphysik nicht nur eine faszinierende Philosophie, sondern ein praktisch nutzbares Werkzeug ist.

Die reale Welt ist besser als jedes Labor

> »Seien Sie gewarnt: Die Anwendung dieser Lehren kann Ihre Glaubensüberzeugungen schädigen, eine Desorientierung Ihres Bewusstseins bewirken und Ihr Ego stressen.«
>
> *Adyashanti, amerikanischer spiritueller Lehrer*

Guglielmo Marconi, der italienische Erfinder und Pionier der Funkübertragung über große Entfernungen, erhielt 1909 den Nobelpreis, weil es ihm gelungen war, Funkwellen 3200 Kilometer weit über den Atlantik zu senden.

Als er aber zum ersten Mal behauptet hatte, eine drahtlose Übermittlung von Energiefrequenzen sei möglich, hielten ihn die

Leute für verrückt. Als er an das italienische Post- und Telegrafenministerium schrieb und seine Idee der drahtlosen Telegrafie darlegte, verwies man ihn an eine Irrenanstalt.

»Jedermann weiß, dass so etwas unmöglich ist«, sagten die Leute verächtlich über die Experimente, die er auf dem Dachboden seiner Eltern durchführte.

Ja, es stimmt: Nicht jeder kann etwas mit der Idee anfangen, dass unsere Gedanken, Träume und Überzeugungen hinaus ins Universum gestrahlt werden und unser Schicksal formen. Aber diese Idee ist mit Sicherheit besser als die übliche, gewohnheitsmäßige Konzentration auf das, was angeblich *nicht* funktioniert und *nicht* möglich ist.

Solange Ihr Bewusstsein sich weigert, etwas für möglich zu halten, bleibt es außerhalb Ihrer Reichweite. Wer hätte vor 150 Jahren gedacht, dass man einfach in ein Zimmer spazieren, auf einen Schalter drücken und damit das Licht einschalten kann? Oder dass man aus Metall eine Maschine formen kann, die übers Meer fliegt?

Sie können die Experimente in der angegebenen Reihenfolge durchführen, sich zunächst einzelne herauspicken oder alle neun an einem Tag machen, ganz wie Sie möchten. Schaffen Sie sich Ihre eigenen Regeln. Wichtig ist nur, dass Sie spielen und Spaß haben.

Ich finde es hilfreich, meine Experimente aufzuschreiben, vorher und hinterher mein Gedanken und Gefühle zu dokumentieren. Denn wir neigen dazu, Erlebnisse zu »vergessen« oder zu zensieren, wenn sie nicht ins Schema unserer kulturellen Voreingenommenheit passen. Es aufzuschreiben, sodass wir es schwarz auf weiß sehen, stärkt unser Vertrauen. So, wie wir unsere Träume vergessen, wenn wir sie nicht nach dem Aufwachen notieren, neigen wir auch dazu, »ungewöhnliche« Erlebnisse zu vergessen, wenn wir sie nicht aufschreiben. Ich liebe es, meine Notizen durchzublättern und zu erkennen, wie viele absolut erstaunliche Manifestationen ich sogleich aus dem Fenster meines Wachbewusstseins geworfen habe. Für diesen Zweck habe ich Laborprotokolle eingefügt, in die Sie Ihre Ergebnisse eintragen können.

Auch empfehle ich Ihnen, sich die folgenden drei Sätze gut einzuprägen:

1. Es ist einfach.

2. Es ist nicht wirklich wichtig. (Es hängt nicht wirklich etwas von diesen Experimenten ab, weil im Leben letztlich alles gut ausgeht. Daher können Sie spielerisch und entspannt an die Sache herangehen.)

3. Jeder kann es.

Bitte stören
(oder: Warum Sie immer mit Ihren Spielzeugen spielen sollten)

> »Ich glaube, bei der Erörterung natürlicher Probleme sollten wir nicht mit gelehrten Schriften beginnen, sondern mit Experimenten und Demonstrationen.«
>
> *Galileo Galilei, italienischer Astronom*

Dass das Universum auf unsere Gedanken reagiert, ist eine Information von zentraler Bedeutung. Dass wir nichts beobachten können, ohne es zu beeinflussen, ist enorm wichtig. Diese Wichtigkeit sollte aber nicht dazu führen, dass Sie glauben, mit großem Ernst und nach starren Regeln an die Sache herangehen zu müssen. Im Gegenteil: Je mehr Spaß Sie mit diesen Experimenten haben, desto besser funktionieren sie.

Gemäß der heutigen Weltsicht schließen Spiel und ernsthafte Experimente einander aus. Wissenschaftlichkeit bedeutet, ernst zu sein und Fehler zu eliminieren. Weltbild 1.0 sagt uns außerdem, dass man mit *wichtigen* Dingen wie Gott, Wissenschaft und Energie nicht spielt. Es handelt sich dabei um Gebiete, für die ausschließlich Experten zuständig sind. Laien sollen sich da gefälligst heraushalten.

Aber das ist lächerlich. Wenn ich mit jedem verbunden bin (was gemäß der Quantenmechanik der Fall ist), warum soll *ich* dann nicht zusammen mit Stephen Hawking die Zivilisation voranbringen? Wenn ich in der Lage bin, Liebe zu sehen, warum soll ich mich dann nicht bei jeder Gelegenheit auf diese Supermacht einstimmen und sie nutzen?

Daher schlage ich Folgendes vor:

Lasst uns aus diesen die Welt verändernden Experimenten eine Party für alle machen! Holen wir alle mit ins Boot. Sorgen wir dafür, dass die Sache so viel Spaß macht, dass niemand widerstehen kann.

Die Experimente in diesem Buch, Korollare zu den Experimenten in E^2, sind demokratisch, für jeden leicht durchzuführen und folgen der gleichen wissenschaftlichen Methode, die von echten Wissenschaftlern in echten Laboratorien angewendet wird. Sie aber als ernste, strenge Unternehmungen anzugehen, bei denen Fehler nicht toleriert werden oder Spaß und Freude außen vor bleiben, wäre die falsche Einstellung. Dieser hochnäsige, jeden Fehler ausmerzende Arbeitsmodus verzerrt die Resultate und bewirkt, dass wir in der verzerrten Welt der Angst und Abwehr stecken bleiben. Ich glaube, alle sollten munter in den Sandkasten gehen und nach Herzenslust herumspielen.

Meine Philosophie? Sei mit Spaß bei der Sache. Genieße es.

Sogar Albert Einstein hat gesagt, dass Freude und brillante neue Entdeckungen Hand in Hand gehen. Er vertrat die Auffassung, dass große Geister Lehrbücher ignorieren, schätzte die Kreativität und ließ sich nicht von vorgegebenen Strukturen einengen. Standardisierte Tests und Regelwerke sind Garanten für Mittelmäßigkeit. Einsteins Kreativität war, wie er selbst sagte, »verspielt, kraftvoll und visuell«.

Tatsächlich ist es so, dass die Experimente Ihnen umso schneller Nutzen bringen werden, je mehr Spaß Sie dabei haben. Sich in einen verspielten Zustand zu versetzen befreit Sie aus der Falle des linkshirnigen, rationalen Denkens. Es ermöglicht Ihnen, die geistigen Konstrukte begrenzter Zeitlichkeit und Räumlichkeit hinter sich zu lassen.

Wir brauchen nicht noch mehr Glaubenssätze – wir brauchen mehr Praxis

> «In jedem Leben geht irgendwann unser inneres Feuer aus.
> Es wird dann wieder entfacht von der Begegnung
> mit anderen Menschen.«
>
> *Albert Schweitzer, deutsch-französischer Arzt und Missionar*

Noch eine Strategie möchte ich erwähnen. Gründen Sie eine Gruppe. Auf dem Pfad zur Erleuchtung geht nichts über gute Weggefährten, die uns ermutigen, mit uns feiern und unsere persönlichen Wahrnehmungen hinterfragen. Diese Gruppe muss nicht groß sein. Schon zu zweit ist man eine Gruppe.

Neurowissenschaftler haben entdeckt, dass Menschen zu den Handlungen und Emotionen der Leute in ihrer Umgebung in Resonanz gehen. Diese unausgesprochene ständige Kommunikation bewirkt, dass jemand Sie mit seinem Gähnen anstecken kann, auch wenn Sie in der letzten Nacht zehn Stunden geschlafen haben. Deswegen löst es solche Glücksgefühle aus, wenn wir gemeinsam beim Zumba herumspringen oder bei einem Konzert mit den anderen im Publikum applaudieren.

Diese Resonanz ist der Grund, warum ich in meiner Heimatstadt Lawrence, Kansas, regelmäßig in zwei Gesprächskreise gehe. Wir treffen uns wöchentlich (bzw. bei einer Gruppe alle vierzehn Tage), um über Quantenphysik, Spiritualität und die Idee zu sprechen, dass wir mit unserem Bewusstsein den Grundstein für unser Leben legen. In beiden Gruppen herrscht eine wunderbare, inspirierende Atmosphäre. Wenn ich anschließend nach Hause gehe – nein, *tanze* –, sprudele ich förmlich vor Freude, Liebe und kreativen Ideen. Woraus dann noch mehr Freude und Liebe entsteht ... Und daher frage ich mich: *Warum treffen sich nicht alle Menschen zu solchen Gruppen?*

Wenn Sie also noch in keiner Gruppe sind, gehen Sie zu einer oder gründen Sie eine. Laden Sie Freunde ein, froh und vergnüglich mit Ihnen diese Prinzipien zu erforschen. Auf das Vergnügen lege ich dabei großen Wert. Es ist wichtig, diese Dinge nicht zu ernst zu nehmen. Wie gesagt, je mehr Sie dabei lachen können, je mehr Sie daraus ein Spiel machen, desto besser funktionieren die Experimente.

Wie Sie das Tor zum FP öffnen

> »Im Zustand der Freude seid ihr im Frieden mit allem,
> was euch umgibt ... dann ist für euch nichts unmöglich,
> nichts unerreichbar.«
>
> *Ramtha, von JZ Knight gechanneltes Geistwesen*

Vor ein paar Jahren fasste ein Mitglied eines meiner »Power-Gesprächskreise« den guten Neujahrsvorsatz, »nie mehr Nein zu Freude und Spaß zu sagen«. Wenn sie eingeladen wurde, ein Konzert zu besuchen, tanzen oder essen zu gehen, würde sie von nun an sagen: »Klar komme ich mit!«

Ihr war aufgefallen, dass sie Einladungen ausschlug, weil, nun, sie Mutter ist, einen hektischen Tag hatte oder zu müde war oder ... Sie wissen schon. Es gibt Millionen rationale Gründe, die Erwachsenen einfallen, warum sie angeblich gerade keine Zeit für angenehme, freudige Erlebnisse haben. Ihre Kinder dagegen, hatte meine Freundin beobachtet, nutzten jede Gelegenheit, Spaß zu haben. Ständig hielten sie nach der nächsten Freude Ausschau. Auch Teenager lassen keine Party aus, egal wie spät es ist und wie viel Ärger sie mit den Eltern bekommen, weil sie wieder einmal aus dem Schlafzimmerfenster geklettert sind.

Das wirft die Frage auf: Seit wann ist das so? Wann haben wir angefangen, Gelegenheiten für Lebensfreude zurückzuweisen?

Während dieses Jahres, in dem sie »einfach Ja sagte«, entdeckte meine Freundin, dass sie durch Ausgehen und schöne Erlebnisse viel mehr Energie freisetzte, als wenn sie zu Hause blieb, um sich auszuruhen. Das Gefühl der Erschöpfung, wegen dem sie zuvor oft Einladungen ausgeschlagen hatte, verschwand völlig. Und heute, sagt sie, »muss ich gar nicht mehr darüber nachdenken. Ich sage immer Ja zur Lebensfreude«.

Regeln für Power-Gesprächskreise

(die Sie natürlich jederzeit gerne über den Haufen werfen dürfen!)

- **Widmen Sie sich ausschließlich dem, was gut läuft und funktioniert.** Es gibt 9 387 642 428 000 Gruppen, die darüber reden, was schlecht läuft und wie sich Ungerechtigkeiten korrigieren lassen. Seien Sie in Ihrer Power-Gruppe aufrichtig und realitätsbewusst, aber konzentrieren Sie sich auf Segnungen und Wunder, die sich in Ihrem Leben ereignen.

- **Konzentrieren Sie sich darauf, Spaß zu haben und eine schöne gemeinsame Zeit zu erleben.**

- **Konzentrieren Sie sich darauf, von Herzen froh und glücklich zu sein.**

Das ist alles. Also, worauf warten Sie? Lassen Sie es sich gutgehen.

GUT GEBLOGGT, LÖWIN!

Als E^2 erschien, schickte Hay House mir das Buch *Platform* von Michael Hyatt. Im Wesentlichen ist das ein Leitfaden für die sozialen Medien. Hay House bezeichnete es als Pflichtlektüre für ihre Autoren. Da Marketing noch nie meine starke Seite war, sagte ich mir: Okay, kann nicht schaden. Normalerweise bin ich viel zu beschäftigt damit, die nächste Reisereportage zu schreiben oder das nächste Porträt für *People*, um mich mit der Vermarktung meiner Bücher auseinanderzusetzen. Da aber meine fünfzehn vorherigen Bücher nicht gerade die Bestsellerlisten gestürmt hatten, beschloss ich, es auszuprobieren und einen Teil meiner Zeit dem Marketing in den sozialen Medien zu widmen.

Die zentrale Rolle spielt dabei ein eigener täglicher Blog. Das fand ich nicht besonders reizvoll. Schließlich bin ich professionelle Autorin und schreibe gegen Bezahlung. Aber dann sagte ich mir, dass ich auf diese Weise mit einem in *Ein Kurs in Wundern* oft erwähnten Prinzip experimentieren könnte: »In Wahrheit sind Geben und Empfangen dasselbe.« Ich erinnere mich noch gut an mein erstes Posting. Ich zitterte, weil es mir unangenehm war, mich so auf den Präsentierteller zu setzen. Damals hatte ich gerade mal fünf Follower. (Danke, Mama!) Doch als ich regelmäßig diese kleinen Artikel für meinen Blog schrieb, die dazu dienten, die machtvollen Ideen aus E^2 weiter zu untermauern, wurde mir klar, dass ich (a) diese Prinzipien wirklich liebe, (b) das Bloggen liebe und (c) all das positive Feedback liebe, das ich erhalte. Ich schleckte es auf, wie ein Kätzchen Milch schleckt.

Daher werde ich zu jedem Experiment ein Posting aus meinem Blog einfügen, um das Experiment und die Vorbereitungen zu veranschaulichen. Viel Vergnügen!

Löwen, Gladiatoren und Probleme – oh je!

»Alles, was du dir selber beigebracht hast,
hat deine Macht zunehmend vor dir verschleiert.«

Ein Kurs in Wundern

Ich bin nicht prophetisch begabt, bin mir aber ziemlich sicher, dass in hundert Jahren (hoffentlich früher) zukünftige Generationen auf unseren Glauben an Isolation, Mangel und Grenzen zurückblicken und sich fragen werden: *Was haben die sich damals nur gedacht? Wie konnten sie so falsch informiert sein?*

Sie werden unsere Weigerung, die uns angeborenen Fähigkeiten zu nutzen, mit der gleichen Verwunderung betrachten wie wir die Zirkusspiele im alten Rom. *Das darf doch nicht wahr sein,* denken wir. *Wie konnten Tausende Zuschauer in der Arena sitzen, Wein trinken und es als unterhaltsames Vergnügen betrachten, dass Gladiatoren von Löwen in Stücke gerissen wurden?*

Sie werden es als bedauernswerte Kuriosität betrachten, dass wir uns selbst so schlecht behandelten, dass wir es vorzogen zu leiden, während unmittelbar auf der anderen Seite des Schleiers alles auf uns wartete, was ein Mensch sich nur wünschen kann.

Meine Lektion für den heutigen Tag aus *Ein Kurs in Wundern* lautet: »Lass mich erkennen, dass meine Probleme gelöst sind.« Kurz gesagt, ermutigt sie Sie, mich und alle, die dem *Kurs* folgen, uns von Problemen zu befreien, die nicht existieren.

Die Vorbereitungen

Ein Kurs in Wundern vertritt die Idee, dass das Bewusstsein die materielle Welt erschafft. Es heißt dort, dass wir Menschen im Voraus entscheiden, wie wir das Leben erfahren und was wir sehen wollen.

Wir schwächen uns selbst, wenn wir all unsere Energie mit dem Versuch verschwenden, unsere Probleme zu lösen. Indem wir uns auf einen sinnlosen Prozess konzentrieren (Probleme identifizieren, sie erforschen, Blogs über sie lesen), statt unsere Aufmerksamkeit auf das zu richten, was wir uns wirklich *wünschen*, berauben wir uns unserer Macht.

Mit anderen Worten, wir verlassen uns ausgerechnet auf jenen Teil von uns, der Urheber des Irrtums ist. Wir glauben, der »Schwindler«, jene Stimme, die ich meinen »inneren Salieri« nenne, wüsste die richtigen Antworten. Wenn Sie den Film *Amadeus* gesehen haben, wissen Sie alles über Antonio Salieri, den venezianischen Komponisten, Dirigenten und Regisseur der Habsburgischen Oper, der sehr eifersüchtig auf Mozart war. In dem Kinofilm aus dem Jahr 1984, der auf einem gleichnamigen Theaterstück aus dem Jahr 1979 basiert, erkannte Salieri die künstlerische Begabung des jungen Komponisten und tat, was er konnte, um dessen Erfolg zu sabotieren.

Ganz so, wie es meinem inneren Schwindler Vergnügen bereitet, eine Straßensperre zwischen mir und den höheren Mächten zu errichten.

Die Nebenwirkung dieser lächerlichen Idee von Mangel und Isolation besteht darin, dass wir nur mit halber Kraft durchs Leben laufen. Wir leben gemäß der längst überholten Idee aus den römischen Zirkusspielen, dass wir schwach und unfähig sind, unser Leben selbst zu gestalten.

Zukünftige Generationen werden es außerdem ganz schön verrückt finden, dass wir uns immer so schuldig fühlten und uns den Spaß und die Lebensfreude versagten, die doch eigentlich unser natürliches Recht sind. Sie werden nicht verstehen, warum wir unsere schöpferischen Fähigkeiten nicht entfalteten und genossen. Sie werden sich wundern: *Da hatten unsere Vorfahren diese erstaunliche Gabe, doch sie ließen dieses göttliche Geschenk unbeachtet und unausgepackt in der Ecke liegen.*

Was mich betrifft, ihr zukünftigen Generationen, bin ich jedenfalls fest entschlossen, meine Tage in ungetrübtem Erstaunen über all die vielen Wunder und Segnungen der Welt zu verbringen!

1. EXPERIMENT

DAS BOOGIE-WOOGIE-KOROLLAR
oder
DIE WICHTIGKEIT DES UNERNSTES

MEM: Dinge geschehen; daher fühle ich mich schlecht.

WELTBILD 2: *Ohne das gegenteilige kulturelle Training ist Freude mein natürlicher Zustand. Je mehr Spaß mir mein Leben macht, desto besser funktioniert es.*

> »Als ich zur Schule ging, fragten sie mich, was ich später einmal werden wollte. Ich schrieb auf: ›Glücklich.‹ Sie sagten mir, ich hätte die Aufgabe nicht richtig verstanden. Darauf sagte ich ihnen, sie hätten das Leben nicht richtig verstanden.«
>
> *John Lennon, britischer Musiker, Gründungsmitglied der Beatles*

Die Prämisse

Als ich 2013 einen Artikel über die besten neuen afrikanischen Safaris schrieb, erfuhr ich einige wenig bekannte Tatsachen über Nashörner. Sie sehen nicht gut. Selbst aus nur fünf Metern Abstand können sie einen Menschen nicht von einem Baum unterscheiden.

Auch wenn von einem Nashorn verfolgt zu werden zu den Dingen zählt, »vor denen man sich in Afrika fürchten sollte«, ist die Sache längst nicht so gefährlich, wie man vermuten könnte.

Wenn Nashörner gereizt werden, rennen sie tatsächlich so schnell los, wie sie können. Und unbestritten ist es ziemlich verstörend, wenn ein vier Tonnen schweres schnaubendes Nashorn auf uns zustürmt (wobei ein großer Teil seines Gewichts auf ein teuflisch großes und spitzes Horn entfällt). Da ein Nashorn aber kurzsichtig ist, rennt es nicht wirklich auf Sie zu. Es rennt einfach so schnell es kann in die Richtung, in die seine Schnauze zeigte, als es gestört wurde. Man muss ihm also einfach nur seitwärts ausweichen. Das Nashorn behält seinen Kurs unbeirrt bei, bis es müde wird – oder erkennt, dass ihm keine Gefahr mehr droht.

Unsere Gedanken sind wie aufgescheuchte Nashörner. Haben Sie sich einmal in eine Richtung in Marsch gesetzt und ein gewisses Tempo erreicht, ist es ziemlich schwer, sie umzulenken. Deshalb hat sich mein Leben revolutionär verändert, seit ich es mir angewöhnt habe, morgens nach dem Aufstehen zu verkünden: **»Heute werde ich etwas Erstaunliches und Wunderbares erleben.«**

Diese einfache Übung dauert vielleicht zehn Sekunden, aber wenn ich wählen müsste, würde ich eher aufs Duschen verzichten, als dieses wichtige tägliche Ritual aufzugeben.

Mit diesem Experiment werden Sie beweisen, dass Sie das ganze Drehbuch Ihres Lebens umschreiben können, indem Sie während der ersten Minuten des Tages Ihren Gedanken einen bewussten Impuls in eine andere Richtung geben. Wenn Sie auf diese Weise dem Blabla-Soundtrack der Negativität die Energiezufuhr abschneiden, werden Sie bemerkenswerte Veränderungen Ihrer Alltagsrealität feststellen. Indem Sie sich bei Tagesbeginn bewusst auf Dankbarkeit und Freude fokussieren, wird Ihr ganzes Leben wieder zu funkeln beginnen.

Welcher Gedanke geht Ihnen am Morgen als erster durch den Kopf? Ist es so etwas wie: *Super! Ich bin wach! Die Party kann beginnen!*

Oder eher so: *O Mist! Jetzt geht der Stress wieder los.*

Sie können Ihre ersten Morgengedanken zu unschlagbaren Werkzeugen machen. Das gilt vor allem, wenn Sie sich innerlich vom gestrigen Tag lösen und die natürliche Freude spüren, die sich einstellt, sobald Sie aufhören, Ihr normales Lebensdrehbuch wiederzukäuen.

Da wir in einem Schwingungsuniversum leben und Gedanken zu Dingen werden, gehört es zu den wertvollsten Geschenken, die Sie sich selbst machen können, dass Sie glückliche Gedanken wählen. Glückliche Gedanken erzeugen gute Gefühle, die Sie so intensiv wie möglich auskosten sollten.

Verwandeln Sie Ihren einspurigen Spaßkanal in einen Superhighway

»Wir müssen uns hier und jetzt entscheiden,
ob wir niedergeschlagen oder glücklich sein wollen,
und dabei spielt es keine Rolle, wie kompliziert, missraten
oder unerfreulich unser Leben im Moment ist.«

Chris McCombs, amerikanischer Fitnesstrainer

Der berühmte Harvard-Psychologe William James (ja genau, der Bruder von Henry James) sagte gern, die Menschen wären kleine Bündel aus Gewohnheiten. Unsere Denkgewohnheiten laufen so automatisch ab, dass wir nur selten innehalten und über die enorme Rolle nachdenken, die sie für unsere Erwartungen, unser Verhalten und unsere Alltagserfahrung spielen.

Wir *denken* gerne, wir würden immer neue Gedanken komponieren, aber die meisten von uns hatten schon seit zwanzig Jahren keinen wirklich neuen Gedanken mehr. Die vierhundert Milliarden Informationsbits, die unsere Gehirne in jeder Sekunde empfangen, werden von uns durch die Linse unseres vorherrschenden kulturellen Paradigmas gefiltert. Wir lassen nur magere 2000 Bits durch, nämlich die, die im Einklang mit den neuralen Pfaden stehen, die wir als Kinder eingerichtet haben.

Das hat zur Konsequenz, dass wir wie Roboter durchs Leben marschieren und einfach Programme ausführen, die wir vor Jahren unbewusst in unseren neuralen Pfaden speicherten. Manche dieser Denkgewohnheiten sind gut für uns, aber die überwiegende Mehrheit ist es nicht.

Doch nun folgt eine gute Nachricht: Unsere neuralen Pfade, von denen die Wissenschaft lange glaubte, sie wären fürs ganze Leben festgelegt, lassen sich in Wahrheit verändern. Darum können wir unser Leben radikal verwandeln, wenn wir morgens bewusst beschließen, nach wunderbaren Erfahrungen zu suchen. Aber wie bei jedem Muskeltraining braucht es auch hier Übung.

1. Experiment

Eine neue Formel

> »Manchmal muss man einfach Lipgloss auftragen und so tun, als wäre man aufgedreht und begeistert.«
>
> *Mindy Kaling, indisch-amerikanische Schauspielerin und Autorin*

Das heute vorherrschende Denken sagt uns, dass sich Glücksgefühle dann einstellen, wenn wir unsere Träume und Ziele verwirklichen. Aber damit wird das Pferd von hinten aufgezäumt. Dieses populäre Paradigma geht ungefähr so:

Ich werde glücklich sein, wenn ich mehr Geld verdiene. Wenn mein Sohn anruft. Wenn ein neuer Präsident ins Weiße Haus einzieht.

Bei der Frage »Möchten Sie glücklich sein?« würde wohl niemand außer Winnie Puuhs Freund I-Aah oder vielleicht Woody Allen die Antwort »Nein« ankreuzen, aber nur wenige von uns glauben, überhaupt eine Wahl zu haben. Wir glauben, das Glücklichsein eine Frage des Schicksals ist, Glückssache eben.

Unsere Meinungen darüber, was Spaß macht und was nicht, sind vorprogrammierte Tonbänder, die endlos weiterlaufen. Und wir marschieren zu diesen Parolen wie Stalins Armee. Nie kommt es uns in den Sinn zu fragen: »Ist das auch wirklich wahr?«

Ist es zum Beispiel wirklich wahr, dass

- es Spaß macht, sich mit Freunden zu treffen, Staub zu saugen aber nicht?

- es Spaß macht auszuschlafen, arbeiten zu gehen aber nicht?

- es Spaß macht, ins Kino zu gehen, zum Zahnarzt zu gehen aber nicht?

Nur wenige Leute werden solche Glaubenssätze infrage stellen. Die meisten klammern sich daran, wie sich Billy Graham an Gott klammert.

Doch solche Werturteile hindern uns daran, weite Teile unseres Lebens zu genießen. Es sind nicht »die da oben«, die uns das auferlegen. Es ist der Fernsehprediger in Ihrem Kopf, der Sie ständig mit Meinungen und Glaubenssätzen darüber füttert, was Sie glücklich macht und was nicht.

Dieser schleimige Gebrauchtwagenhändler ... ähm, ich meine Ihr eigenes Bewusstsein ... verbreitet eine Menge Lügen. Und durch dieses Experiment werden Sie beweisen, wie einfach und wunderschön das Leben sein kann, wenn Sie Ihre Aufmerksamkeit nicht länger auf Ihre Unzufriedenheit richten, sondern auf all das Gute, das Ihnen bereits geschenkt wurde. Ja, das ist das Dankbarkeitskapitel, in dem Sie beweisen werden, dass Glück etwas ist, was wir in uns selbst erzeugen.

Denken Sie wertvolle Gedanken

> »Die Welt existiert nur im Geist ihres Schöpfers.«
> *Ein Kurs in Wundern*

Niemand, der bei Trost ist, würde in ein Restaurant gehen und sich die Speise bestellen, die er am wenigsten mag!

Und wer würde beim Shopping das hässlichste Outfit aussuchen und damit zur Kasse gehen?

1. Experiment

Doch in unserem Denken und unseren Gesprächen tun die meisten von uns genau das. Wir konzentrieren uns auf Dinge, von denen wir *nicht* wollen, dass sie eintreten. Wir konzentrieren uns auf die Angst, das Negative, den Mangel. Und diese Entscheidungen haben eine viel stärkere Auswirkung auf Ihr Leben als ein hässliches Kleid oder ein Gericht, das Sie nicht mögen. Sie holen ganz buchstäblich das aus dem Universum in Ihr Leben, worauf Sie sich konzentrieren.

Mit anderen Worten, Sie bekommen, was Sie bestellen. Das ist ein unabänderliches Gesetz.

Manche argumentieren, dass sie nichts an ihrem Denken ändern könnten, dass sie keine Kontrolle über die Gedanken hätten, die ihnen in den Sinn kommen. Es steht Ihnen natürlich frei, das auch weiterhin zu glauben. Aber nur damit Sie es wissen: Dieses Argument ist völliger Schwachsinn.

In jedem Augenblick entscheiden wir uns, worauf wir unsere Aufmerksamkeit richten. Immer. Ohne Ausnahme.

Ich bestreite nicht, dass unser Bewusstsein gewohnheitsmäßig dazu neigt, in die ausgetretenen Pfade der Vergangenheit zurückzukehren, und dass wir etwas Geduld brauchen, um uns neue Gewohnheiten anzutrainieren. Aber die Fähigkeit dazu haben wir. Dazu müssen wir uns nur auf die Superfrequenzen der Dankbarkeit und Freude konzentrieren.

Mit diesem Experiment werden wir beweisen, dass diese Superkräfte nicht nur bewirken, dass wir uns gut fühlen, sondern dass sie energetisch unsere mentalen und emotionalen Blockaden wegspülen, innere Widerstände beseitigen und es ermöglichen, dass die Liebe und das Licht des FP frei und klar fließen können.

Warten auf Godot

»Durch spirituelle Praxis schulen wir unseren Geist in Ehrfurcht. Es ist, als ob wir eine Topfpflanze an einen sonnigen Platz am Fenster stellen.«

Lana Maree, amerikanische Musikerin

Um das Experiment zu beginnen, füllen Sie bitte die leeren Felder dieser Zielsetzungs-Übung aus:

Ich werde glücklich sein, wenn _____ .

Ich werde glücklich sein, nachdem _____ .

Streichen Sie nun bei beiden Sätzen den zweiten Teil durch. Wenn Ihrem Stift nicht die Tinte ausgeht, sollten dort jetzt nur noch vier Wörter stehen:

Ich werde glücklich sein.

Und das ist bei diesem Experiment Ihr Ziel. Und es ist das Einzige, was Sie für ein erfülltes Leben benötigen.

Sich für das Glücklichsein zu entscheiden und Danke zu sagen, was auch im Leben geschieht, gehört zum Radikalsten, was Sie tun können. Aber seien Sie gewarnt: Ihr Leben wird nie wieder so sein wie vorher. Und Sie werden rasch erkennen, dass es im Leben nur wenig gibt, was stoischen Gleichmut erfordert … es sei denn, die Zombies kommen. Aber dann kann der Rest von uns sich entspannt zurücklehnen, denn es gibt bereits eine ganze

Armee wirklich ernsthafter, wirklich unglücklicher Leute, die den Kampf förmlich herbeisehnen.

Keine schlechten Tage mehr

> »Sei unendlich flexibel und ständig erstaunt.«
> *Jason Kravitz, amerikanischer Schauspieler*

In unserer Familie nicht gut Spades spielen zu können ist so, als könnte jemand in Michael Jacksons Familie nicht den Moonwalk tanzen. Jedes Mal wenn wir uns treffen, vergnügt sich meine Familie mit diesem harmlosen Kartenspiel. Und jedes Mal lachen sie über den gleichen Witz. Dessen Zielscheibe meistens ich bin. Ich wäre nämlich keine gute Spades-Partnerin, weil ich zu viele Risiken eingehe. Und dass es keinen Sinn macht, wenn ich eine hohe Führung dadurch versaue, dass ich eine Null spiele, obwohl ich nur dreißig Punkte brauche.

Mir macht es aber Spaß, verrückte Risiken einzugehen und alles auf eine Karte zu setzen. Ich liebe es, aufgeregt auf der Stuhlkante zu sitzen, weil ich nicht weiß, ob mein Einsatz sich auszahlt. Wenn ich gewinne, ist das ein schöner Nebeneffekt, aber es ist nicht der Grund, warum ich spiele.

Es ist, wie mein Bruder Bob sagt: »Pam gewinnt vielleicht nicht, aber niemand genießt das Spiel mehr als sie. Niemand hat mehr Spaß dabei.«

Und genau darum geht es bei diesem Experiment. Spaß zu haben. Ihr Leben in eine Party zu verwandeln. Jeden herrlichen Augenblick zu feiern, komme, was da wolle. Für alles dankbar zu sein –

die Zellulitis, die Kassenschlangen im Supermarkt, die ständig textenden Teenies, Paris Hilton, die Pusteblumen, das Baby, das Sie mit seinen zwei neuen Zähnchen anlächelt.

Komme, was da wolle

> »Jeder Tag sollte ein Tag voller Wunder sein.«
> *Ein Kurs in Wundern*

Ohne Frage bekomme ich als Reisejournalistin Gelegenheit, viele coole Dinge zu tun – auf den Cookinseln Medizinmänner treffen, mit reichen Leuten in Fünf-Sterne-Resorts abhängen, mein Essen stets mit Meerblick genießen – aber all das brauche ich nicht, um Spaß am Leben zu haben. Mein liebstes Beispiel hierfür in jüngster Zeit ereignete sich im Jahr 2012, als doch eigentlich die Welt untergehen sollte.

Man hatte mich nach Belize eingeladen, wo in einer alten Dschungelstadt der Maya das »Ende des Maya-Kalenders« eingeläutet werden sollte. Die Ausgrabung und Erforschung dieser Stadt, Caracol, ist immer noch im Gange. Ich hatte in der Nacht packen wollen, denn mein Flug ging morgens um sechs. Doch mein Rücken streikte. Statt zu reisen, lag ich am nächsten Tag mit fürchterlichen Schmerzen im Bett. Ich schaffte es kaum bis zum Klo.

Da aber Spaß und Freude ganz oben auf meiner Prioritätenliste stehen, erlebte ich einen phänomenalen Tag! Ich war glücklich – ob Sie es glauben oder nicht. Ich beschloss, trotz der Rückenschmerzen gut gelaunt zu sein und mich zu freuen.

Heute blicke ich auf diesen Tag als wichtigen Meilenstein für meine spirituelle Entwicklung zurück, denn damals erkannte ich: Unsere Gedanken sind das Einzige, was uns davon abhält, nonstop glücklich zu sein.

Glück ist eine Entscheidung
(oder: Die positiven Nebenwirkungen hemmungsloser Dankbarkeit)

> »Manchmal ist deine Freude
> der Grund für dein Lächeln,
> aber manchmal kann auch dein Lächeln
> der Grund für deine Freude sein.«
>
> *Thich Nhat Hanh, vietnamesischer Zen-Buddhist*

Wenn Sie laut Danke sagen für all das Gute in Ihrem Leben, ist das keine sentimentale Übung. Es verändert Ihr Gehirn und verschaltet Ihre Neurotransmitter neu. Wenn Menschen mit dankbarem Herzen und Augen, die nur nach Dingen suchen, für die man dankbar sein kann, auf diese Welt kommen, dann werden sie genau das finden: wunderbare Fülle.

Wenn wir uns darauf konzentrieren, wie glücklich und gesegnet wir sind, transformiert das unser Gehirn. Unsere Begeisterung wächst, und Stress wird reduziert. Und, als wäre das noch nicht genug, sollten Sie an all die Wohlfühlmittel denken (Dopamin, Serotonin, Oxytocin), die Ihnen dadurch entgehen, dass Sie schimpfen und schlechte Laune verbreiten.

Wir alle sind auf die Erde gekommen, um es uns hier gutgehen zu lassen. Einer Studie zufolge lachen kleine Kinder vierhundertmal am Tag. Erwachsene lachen dagegen im Schnitt nur viermal täglich. Was ist geschehen?

Anekdotische Beweise

> »Dass ich stets eine rote Clownsnase trage, wohin ich auch gehe, hat mein Leben verändert.«
>
> *Patch Adams, amerikanischer Arzt und Aktivist*

Patch Adams, der Arzt, dessen Leben 1998 mit Robin Williams in der Hauptrolle verfilmt wurde, sagt, jeder Mensch sollte die Freude zur Grundlage seines Lebens machen.

»Unglücklich zu sein«, sagt er, »ist zutiefst ungesund. Glücklichsein ist keine ethische oder moralische Angelegenheit. Es ist eine verdammt alte Entscheidung. Es ist Ihr gutes Recht, und niemand kann es Ihnen nehmen.«

Patch hat nicht nur die Medizin auf den Kopf gestellt. Im Gesundheit Institute, seinem innovativen medizinischen Zentrum in West Virginia bietet er die wohl teuerste Dienstleistung Amerikas – medizinische Behandlung und Pflege – *kostenlos* an.

Patch, der sich einen Schüler des Lebens nennt, hat den größten Teil seines Erwachsenenlebens damit verbracht, eine Philosophie des Glücks zu formulieren, die sich damit beschäftigt, wie wichtig das Glücklichsein ist und wie man Glück erzeugen kann.

Jedoch sein eigenes Leben war nicht immer so. Seine wahre Berufung fand Patch Adams erst nach einem zweiwöchigen Aufenthalt in der Psychiatrie.

Patchs Vater war Berufssoldat, sodass die Familie immer wieder umzog und Patch oft die Schule wechseln musste. Als Patch sechzehn war, warf ihn der plötzliche Tod des Vaters aus der

Bahn. Seine Mutter zog mit ihren Kindern zurück ins suburbane Virginia, wo Patch Halt bei seinem Onkel fand, einem Anwalt und Freigeist in einer Gesellschaft von Konformisten.

An der Schule verwandelte Patch seinen Kummer über den Tod des Vaters in Wut. Er schrieb bissige Artikel, in denen er Rassentrennung, Krieg und religiöse Heuchelei anprangerte. Er trat einem Jazzklub bei, verbrachte viel Zeit in Cafés, spielte Billard und schrieb lange sentimentale Gedichte. Am Ende seines letzten Schuljahres litt er an Magengeschwüren. Das war schon schlimm genug, aber während seines ersten Jahres auf dem College beging sein Onkel, den er als Ersatzvater adoptiert hatte, Selbstmord, und seine Freundin ließ ihn sitzen. Er brach das College ab und hegte Selbstmordgedanken. Täglich ging er zu einer Klippe in der Nähe des College und schrieb an einem epischen Gedicht für seine verflossene Freundin. Er dichtete herzzerreißende Sonette und suchte nach den richtigen Worten, um sie von ihrem Irrtum zu überzeugen und sie zurückzugewinnen.

»Hätte ich mein Werk je zu Ende gebracht, wäre ich gesprungen«, erzählt Patch. »Aber zum Glück war ich zu weitschweifig.«

Nach einem letzten erfolglosen Versuch, Donna, seine Exfreundin, umzustimmen, stapfte er neun Kilometer durch den Schnee und stand bei seiner Mutter vor der Tür.

»Ich versuche mich umzubringen«, sagte er zu ihr. »Ich brauche Hilfe.«

Der nun folgende zweiwöchige Aufenthalt in der geschlossenen Psychiatrie war der Wendepunkt in seinem Leben. Aber nicht die Ärzte halfen ihm, wie er später sagte, sondern seine Freunde, seine Familie und Rudy, sein Zimmergenosse.

Rudy schien ein hoffnungsloser Fall zu sein. Er hatte drei Ehen hinter sich und fünfzehnmal den Job gewechselt. Er erzählte

Patch lange Geschichten über seine unermessliche Einsamkeit. Zum ersten Mal im Leben empfand Patch Mitgefühl mit einer anderen Person. Ihm ging ein Licht auf. Patch entdeckte etwas, das er »eine große persönliche Wahrheit« nennt: Glücklichsein ist eine innere Entscheidung.

Von nun an lernte er, was er nur konnte, über Liebe, Glück, Freundschaft und darüber, wie man ein von Freude erfülltes Leben führt. Er las große literarische Werke. Er verschlang alles von Nikos Kazantzakis, Jean-Paul Sartre, Platon, Nietzsche, Walt Whitman und vielen anderen Schriftstellern. Aber seine beste Bibliografie erwuchs, wie er es ausdrückt, aus der persönlichen Begegnung mit anderen Menschen. Er nahm Kontakt zu glücklichen Familien auf und untersuchte, wie sie Freude und Glück pflegen und bewahren. Er übte sich in Freundlichkeit, indem er sich besondere Aufgaben stellte – zum Beispiel wahllos fünfzig Nummern aus dem Telefonbuch anrufen und ausprobieren, wie lange er die Leute davon abhalten konnte, aufzulegen. Er fuhr in Hochhäusern Aufzug und experimentierte, wie viele Stockwerke er brauchte, um die Mitfahrer dazu zu bringen, sich einander vorzustellen und zusammen zu singen. Einmal ging er in eine Bar und weigerte sich wieder zu gehen, ehe ihm nicht jeder Gast seine Lebensgeschichte erzählt hatte.

Kurz nach seinem Aufenthalt in der Psychiatrie beschloss er, Arzt zu werden. Doch bevor er sein Medizinstudium antreten durfte, wurde ihm wegen seiner psychischen Probleme eine neunmonatige »Findungsphase« auferlegt.

Diese Wartezeit nutzte er, um seine neu entdeckten Theorien über das Glück praktisch zu erproben. Er fand einen Job im Archiv der Kreditunion für Marineangehörige. Dort herrschte nicht gerade eine vergnügte Atmosphäre. Würde es ihm gelingen, aus seinem Archivjob etwas Unvergessliches zu machen? Zusammen mit einem Kollegen beschloss er, die freudlose, langweilige Tätigkeit des Aktenverwaltens in ein Happening zu verwandeln. Sie trugen bei der Arbeit Spielzeug-Fliegerhelme, die Flugzeuggeräusche erzeugten. Wenn jemand nach einer Akte fragte, stimmten sie einen gregorianischen Gesang an: »We-e-e-lche A-a-akte möchtest du-u-u?«

»Genährt von Leichtigkeit und Liebe, blühte ich auf. Ich besiegte alle meine Dämonen und wurde der Mensch, der ich heute bin«, erzählt Patch. »Mein Selbstvertrauen, meine Liebe zur Weisheit und mein Wunsch, die Welt zu verändern, wurzeln in dieser kurzen Phase meines Lebens, während der ich mich aus der Verzweiflung aufraffte und eine Wiedergeburt erlebte.«

Weitere anekdotische Beweise

»Lassen Sie die Idee fallen, Sie wären Atlas, der die Welt auf den Schultern trägt. Die Welt dreht sich auch ohne Sie. Nehmen Sie sich selbst nicht so ernst.«

Norman Vincent Peale,
Autor des Buches Die Kraft positiven Denkens

Hobart Brown, ein Metallbildhauer, wurde 1998 für den Nobelpreis nominiert. Wie kam es dazu? Brown machte das Streben nach Glück zu seiner Hauptbeschäftigung. Dazu sagte er: »Indem ich meinen Herzenswünschen folgte und stets tat, was gerade die meiste Freude machte, und unterließ, was keine Freude machte, habe ich, wie ich glaube, ein nützliches Leben geführt.«

Das ist wahr. Nicht nur hat dieser fröhliche Künstler das kalifornische Städtchen Ferndale, wo er mehrere Jahrzehnte lebte, international bekannt gemacht, sondern seine Erfindung der »kinetischen Skulptur-Rennen« hat Millionen Menschen dazu inspiriert, das Leben weniger ernst zu nehmen. Brown sagte gerne: »Das Skulptur-Rennen löst das Problem, wie man als Erwachsener Spaß haben kann.«

Als Hobart 1962 nach Ferndale zog, war dieser von der Milchwirtschaft lebende Ort fast eine Geisterstadt. Die prächtigen viktorianischen Häuser waren zu Schleuderpreisen erhältlich, und die Stadtväter überlegten, sie abzureißen und durch moderne Gebäude zu ersetzen. Es herrschte ein sehr angespanntes Klima zwischen den Farmern, die seit den 1880er-Jahren dort lebten, und den Künstlern, die in die billigen viktorianischen Häuser einzogen und sie zu flippigen Ateliers und Galerien umfunktionierten.

Hobarts verrückter Geistesblitz führte schließlich zur Kinetic Grand Championship. Dabei wird mit kinetischen Skulpturen ein Rennen zwischen Arcata und Ferndale ausgetragen, das alljährlich eine Viertelmillion Besucher anlockt und über zwei Millionen Dollar in die Kassen der lokalen Geschäftsleute spült. Der Konflikt zwischen Farmern und Künstlern wurde dadurch dauerhaft befriedet.

Kinetische Skulpturen sind, kurz gesagt, bewegliche Kunstwerke. Es gibt sie in allen erdenklichen Formen, von Riesenbananen über zwei Tonnen schwere Dinosaurier zu schwebenden Rollstühlen und zwanzig Meter langen Leguanen. Diese durch Menschenkraft bewegten Vehikel, mit denen Wettrennen an Land oder auf dem Wasser veranstaltet werden, gibt es mit Pedalen oder Paddeln, manche werden geschoben, andere mit Pumpen angetrieben – alles im Fred-Feuerstein-Stil. Man bastelt sie aus alten Fahrradteilen, weggeworfenen Rasenmähern, bemalten Tanks, Badewannen und allem, was den Erbauern sonst noch einfällt. Jede dieser Maschinen ist nicht nur Zeugnis für kindliche Fantasie und für Ingenieurskunst, sondern auch für künstlerisches Genie, Teamwork und, nun ja … Verrücktheit.

Hobart bewies damit etwas mir sehr Wichtiges: Wir sind unseren Mitmenschen oft dann besonders nützlich, wenn wir einen Weg finden, uns unseres Lebens zu freuen und anderen zu zeigen, dass es eine gute Sache ist, Dinge zu tun, die uns Freude machen.

Wenn Sie sich dafür entscheiden, Glücklichsein zu Ihrer Lebenshaltung zu machen, verwandelt sich Langeweile in Entdeckerfreude. Abgesagte Flüge werden zum Anlass für eine spontane Party. Das Warten in einer langen Schlange wird zur willkommenen Gelegenheit, neue Leute kennenzulernen. Staubsaugen wird zu einem Ballett zur Musik von Van Morrison. Und natürlich bietet ein Regentag Gelegenheit für ein Wohnzimmerpicknick mit fünf Käsesorten.

Die Methode

> »Es ist immer eine gute Idee,
> sich eine schöne Zeit zu machen.«
> *Esther Hicks, Channel für die Wesenheit Abraham*

Wenn wir das Routineprogramm in unseren Erbsenhirnen wirklich ändern wollen, diese Blaupause, die ständig den Irrtum wiederkäut, dass »das Leben schwierig, Misserfolg allgegenwärtig und das Glas halb leer« ist, müssen wir unserer Psyche neue Glaubenssätze aufprägen.

Ohne dass wir uns dessen bewusst sind, sendet unser Gehirn ständig Memos an unseren Körper, die Reaktionen im zentralen Nervensystems, in Muskeln, Sehnen und Gelenken auslösen. Und dann, viel schneller als die meisten Leute auf unsere Worte reagieren, schickt unser Körper Memos zurück ans Gehirn.

Zum Glück verfügt unser Gehirn über die Fähigkeit, neue Pfade anzulegen. Das verdanken wir dem, was Wissenschaftler als Neuroplastizität bezeichnen. Das Gehirn mag wie ein Klumpen Protoplasma aussehen, aber in Wirklichkeit ist es ein Netzwerk aus Verbindungen. Die Verbindungen und Pfade, die am häufigsten benutzt werden, verfestigen sich mit der Zeit immer mehr – wie Autobahnen. Die schwächeren Verbindungen sind auch noch da, aber sie gleichen eher kleinen Nebenstraßen.

Die Techniken, die ich Ihnen weiter unten empfehle, lenken unsere Routinereaktionen in andere Bahnen um. Diese Techniken eröffnen Ihnen einen alternativen Zugang zu Ihrem natürlichen Zustand der Freude, der durch Ihre antrainierten Denkmuster der Sorge und Angst blockiert wurde. Mit ihnen machen Sie sich Ihr Nervensystem zum Verbündeten.

Dieses Experiment besteht aus drei Teilen und dient dem alleinigen Zweck, Ihre Antennen für Spiel und Spaß wieder auszufahren, die, wenn Sie so wie die meisten Erwachsenen leben, mangels Gebrauch ein bisschen eingerostet sind.

1. Experiment

Spiel 1:
Mit dem richtigen Bein aufstehen
(oder: Beginne den Tag mit guter Laune)

>»Wenn du morgens aufstehst, danke für das Licht,
>für dein Leben, für deine Stärke.
>Danke für dein Essen und für die Lebensfreude.«
>
>*Tecumseh, Häuptling der Shawnee-Indianer*

Bei diesem Spiel werden Sie Musik und einige einfache Bewegungen einsetzen, die ich »Aufwärmübungen für Supermanifestationen« nenne. Wenn Sie die ersten fünf Minuten das Tages dafür nutzen, sich gut zu fühlen, ist das, wie wenn Sie ein Ziel in Ihr GPS eingeben oder Ihren Blick auf den Punkt richten, wo Ihr Golfball landen soll.

Für das Experiment genügt es, wenn Sie dieses kleine Ritual, das ich Ihnen jetzt vorstellen werde, an den nächsten drei Tagen praktizieren. Aber ich hoffe, es wird Ihnen so gefallen, dass Sie es zum festen Bestandteil Ihrer Morgenroutine machen, so selbstverständlich wie Zähneputzen und Duschen. Und so geht es:

Der Song »Party Rock Anthem« von LMFAO ist jetzt Ihr Morgen-Thema. Schauen Sie sich das Video auf YouTube an, wenn Sie es noch nicht kennen.

Während der nächsten drei Tage werden Sie für lediglich fünf Minuten (kommen Sie, das ist wirklich nicht schwer!) in Ihrem Gehirn die folgende Wohlfühl-Party feiern:

1. **Hören Sie sich einen oder mehrere der folgenden Songs an, die problemlos über Ihr Smartphone (vielleicht als Weckmusik) oder Ihren Computer verfügbar sind:**

- »Happy« von Pharrell Williams
- »What a Wonderful World« von Louis Armstrong
- »Best Day of My Life« von den American Authors
- »I Believe I Can Fly« von R. Kelly
- »Three Little Birds« von Bob Marley
- »Celebration« von Kool and the Gang
- »I Feel Good« von James Brown
- »I Gotta Feeling« von den Black Eyed Peas

2. **Führen Sie die folgenden Bewegungen aus:**

   - Recken Sie fünfmal mit Schwung und Freude die Faust in die Luft.
   - Tun Sie so, als wären Sie ein lateinamerikanischer Fußballspieler, der gerade das entscheidende Tor geschossen hat. In einem Endspiel.
   - Tanzen Sie auf dem morgendlichen Weg ins Badezimmer den Harlem Shuffle. Bevor Sie sich die Zähne putzen.
   - Gehen Sie nach draußen und breiten Sie die Arme weit aus, um die Sonne zu begrüßen, die jeden Tag aufgeht, ohne dass Sie dafür etwas bezahlen oder darum bitten müssen.

Dass ich beim Zähneputzen zu »Happy« von Pharrell Williams tanze, hat mein Gehirn wirklich umstrukturiert und enorm viel Stress abgebaut. Wie schon gesagt, versorgen Tanzen und das Fäuste-in-die-Luft-Recken mich viel besser und zuverlässiger mit Glücksdrogen, als Drogendealer Walter White aus der Serie *Breaking Bad* es könnte: Dopamin, Serotonin und Oxytocin, um nur einige zu nennen.

Spiel 2:
Bestellen Sie Ihren ganz persönlichen kosmischen Witz

Bestellen Sie beim FP etwas, was Sie herzlich amüsiert und zum Lachen bringt. Bestellen Sie, dass dieser »Insider-Witz« Ihnen in den nächsten 72 Stunden geliefert wird, also im Zeitrahmen dieses Experiments.

Spiel 3:
Den Geist neu organisieren

Seien Sie während der nächsten drei Tage dankbar für alles. Und zwar nicht nur für Erfreuliches wie beispielsweise das selbst gemalte Bild, das Ihre Tochter Ihnen aus der Schule mitbringt, oder die wunderschön blühenden Hortensien Ihrer Nachbarin. Wenn Ihnen die Mayonnaise aus dem Kühlschrank fällt, während Sie den Reissalat herausnehmen wollen, sagen Sie: »Danke!« Und sagen Sie auch Danke, wenn Sie einen Strafzettel wegen Falschparken erhalten.

Bonusspiel

Sorgen Sie für öffentliche Heiterkeit. Für dieses Spiel werden Sie der Mensch sein, vor dem Ihre Mutter Sie immer gewarnt hat. Das Experiment funktioniert auch ohne dieses Spiel, aber wenn Sie die ersten drei Spiele gemeistert haben, werden Sie vielleicht Patch Adams beipflichten, der sagt: »Ich tauchte ein in den Ozean der Dankbarkeit und fand nie das Ufer.«

Dieses Spiel ist eine Mission für die ganz Ehrgeizigen: Tragen Sie Ihre Freude hinaus in den öffentlichen Raum. Veranstalten Sie Ihren persönlichen Flashmob. Hier sind ein paar Vorschläge aus meiner »Spaß-Kiste«. Ja – andere Leute haben Werkzeugkisten, ich habe eine Spaß-Kiste mit Kostümen, Hüten und Kazoos. Ich bin sicher, Patch wäre mit mir einer Meinung, dass solche Aktionen unseren humorlosen Verstand austricksen, sodass wir anfangen, richtig Spaß zu haben.

- Machen Sie sich mit einer Freundin einen Spaß daraus, sich schräg zu verkleiden. Gehen Sie dann zusammen in dieser Kostümierung ins Café.

- Spazieren Sie mit einem riesigen Stofftier durch die Fußgängerzone. Damit können Sie sich selbst beweisen, wie freundlich andere Menschen sind, was ich entdeckte, als ich mit einem mächtigen Stoffelch unterwegs war, den ich von einer Reisereportage aus Montana mitgebracht hatte. Als ich diesen Vorschlag damals in meinem Buch *God Doesn't Have Bad Hair Days* machte, schrieb mir eine Leserin und schlug vor, dass sie mit einem einen Meter zwanzig großen Teddybären zu Fuß von New Jersey zu mir nach Kansas wandern würde.

- Malen Sie ein Schild: KOSTENLOSE UMARMUNGEN! Gehen Sie damit in ein Einkaufszentrum und setzen Sie Ihr Angebot in die Tat um.

- Probieren Sie es einmal mit »umgekehrtem Betteln«.

  Diesen Trick lernte ich von Rob Breszny, der sich um das Amt des nationalen Spaßbeauftragten bewarb. Das ist wie ein Drogenbeauftragter. Doch statt die Nation über die Gefahren des Drogenkonsums aufzuklären, besteht die Mission des Spaßbeauftragten darin, uns darüber aufzuklären, wie gefährlich es ist, das Leben zu ernst zu nehmen. Mindestens einmal jährlich stellt sich Breszny an die Straße, die Hände voller Fünf-Dollar-Scheine und mit einem Schild, auf dem steht: Ich stehe unter Schenkzwang. Bitte nehmen Sie mein Geld.

- Singen Sie laut im Supermarkt.

Laborprotokoll

1. Experiment

Korollar: Das Boogie-Woogie-Korollar

Die Theorie: Je mehr Spaß ich habe, desto besser funktioniert mein Leben.

Die Frage: Ist es möglich, dass Freude mein natürlicher Zustand ist? Kann ich glücklich sein, auch ohne Traumjob, ohne Traumpartner und ohne gut gefülltes Bankkonto?

Die Hypothese: Wenn ich meine ständige Litanei über Probleme und drohendes Unheil unterbreche, werde ich mehr Freude empfinden und meine Kanäle für das Gute öffnen.

Zeitraum: 72 Stunden

Heutiges Datum: _____ *Uhrzeit:* _____

Die Vorgehensweise: Gleich morgens nach dem Aufstehen werde ich Pam Grouts einfache Schritte anwenden. Ich werde mir die Songs anhören und die »Aufwärmübungen für Supermanifestationen« machen. Ich werde aufschreiben, wie ich mich zu Beginn des Experiments und am Schluss fühle.

Außerdem werde ich bei allem, was während der nächsten drei Tage geschieht, ganz oft sagen: »Das ist erstaunlich!«

Und ich werde mir beim Universum meinen eigenen kosmischen Insider-Witz bestellen.

Wie ich mich jetzt fühle (zu Beginn des Experiments): ____

_____

Wie ich nach den drei Tagen fühle: _____

_____

Forschungsnotizen: _____

_____

_____

_____

_____

_____

※ ※ ※

»Ich will ein Leben, das prickelt und knistert und mich zum
Lachen bringt. ... Ich will, dass Gott über mein tägliches Leben
herzhaft lachen kann und sich freut, dass er jemandem
das Leben geschenkt hat, der dieses Geschenk liebt.«

Shauna Niequist, Autorin des Buches Der Geschmack von Leben

GUT GEBLOGGT, LÖWIN!

Nutzen Sie die 525 600 Minuten dieses Jahres, um eine andere Geschichte auf Ihre Zaubertafel zu schreiben

Sie haben es sicher schon oft gehört, dieses bekannte Zitat von George Santayana: »Wer sich nicht seiner Vergangenheit erinnert, ist verurteilt, sie zu wiederholen.«

Ich möchte diese Gelegenheit nutzen, um zu betonen, dass es *ausschließlich* unsere Erinnerung an die Vergangenheit ist, die uns verurteilt, diese Vergangenheit zu wiederholen. Würden wir an jedem Morgen mit einer völlig leeren Zaubertafel aufwachen, ohne jede Vorstellung davon, wie dieser oder jener Mensch reagieren könnte oder wie bedrohlich uns die Weltlage erscheint oder wie es um unsere Finanzen bestellt ist, wären wir frei, eine brandneue Geschichte zu schreiben.

Wir sind die Schöpferinnen und Schöpfer unserer Realität, doch statt von dieser gigantischen Gabe Gebrauch zu machen, neigen wir dazu, eine Realität zu erschaffen, die auf unserer Vergangenheit basiert. Wir stehen morgens auf und konzentrieren uns auf das alte Lied, das wir schon gestern erschaffen haben und an so vielen Tagen davor.

Schlimmer noch ist, dass wir dieses alte, langweilige Lied durch den Filter unserer Ängste und Illusionen laufen lassen, wodurch diese Vergangenheit, die zu wiederholen wir angeblich verurteilt sind, auch noch auf Irrtümern und Fehleinschätzungen beruht.

1. Experiment

Deshalb möchte ich Sie unbedingt daran erinnern, dass Sie die Kontrolle über Ihr Denken haben. Es ist *Ihre* Zaubertafel. Sie können Ihre Erinnerungen an das Gestern jederzeit über Bord werfen. Sie können Ihre Willenskraft nutzen, um eine brandneue Wirklichkeit zu erschaffen. Ich meine damit, dass Sie wirklich ganz von vorn anfangen können!

Niemand zwingt Sie, sich auf irgendetwas Bestimmtes zu konzentrieren. Es ist Ihre eigene Wahl.

Warum wollen Sie ewig die alte Seifenoper wiederholen? Warum nehmen Sie an, der heutige Tag müsste sein wie gestern? Wissen Sie wirklich mit Sicherheit, dass Ihr Chef ein Mistkerl ist? Dass Ihr Partner nicht bereit ist, auf Ihre Bedürfnisse einzugehen? Was ist, wenn diese Menschen sich nur so verhalten, weil Sie durch Ihre alten Erwartungen dieses Verhalten provozieren? Warum beschließen Sie nicht einfach, eine angenehmere Wirklichkeit zu erschaffen? Es ist Ihre eigene Wahl. Immer!

Die zentrale These von *Ein Kurs in Wundern* ist die Vergebung. Damit ist nicht gemeint, dass Sie jemandem seine vergangenen Fehler vergeben sollen. Gemeint ist, dass Sie das Gestern hinter sich lassen und nicht davon ausgehen, das gesegnete *Jetzt* wäre eine Wiederholung der Vergangenheit.

Dazu wird es nur, wenn Sie beschließen, »sich an die Vergangenheit zu erinnern«.

2. EXPERIMENT

DAS ROTE-PILLE-KOROLLAR
oder
EIN SCHNELLER WIEDERHOLUNGSKURS

MEM: Das Leben geschieht mir.

WELTBILD 2: *Das Leben geht aus mir hervor.*

> »Das Leben kommt nicht von außen zu dir.
> Es kommt aus dir.«
>
> *Jason Mraz, amerikanischer Musiker*

Die Prämisse

Im Film *Matrix* wird Neo, der Protagonist, vor eine Wahl gestellt. Er kann (a) die blaue Pille schlucken und sich seiner Macht weiterhin nicht bewusst bleiben oder (b) die rote Pille nehmen und ohne vorprogrammierte Skripte die Realität entdecken.

In diesem Experiment erhalten Sie die Gelegenheit, die rote Pille einzunehmen.

In E^2 habe ich Ihnen einen ganzen Arzneikasten mit roten Pillen angeboten, von denen die Leserinnen und Leser die meisten mit Freude schluckten. Dadurch, dass ich diese Art von Arzneien verordnete, lernte ich, dass man, wie ich in Kapitel 3 schrieb, ein solches Buch nicht veröffentlichen kann, ohne anschließend mit Geschichten, bedeutungsvollen Erlebnissen und Synchronizitäten geradezu überschüttet zu werden.

Man empfahl mir stapelweise neue Literatur, wozu unter anderem ein fabelhaftes Buch des Astrophysikers Bernard Haisch gehörte. Es wurde mir von einem Staatsanwalt aus Wichita regelrecht in den Schoß geworfen. Er lud mich zu einem wunderbaren Mittagessen unter freiem Himmel ein und sagte: »Hier. Lesen Sie das.« Haischs Buch *Warum Gott nicht würfelt* untermauert viele meiner Ideen. Es heißt darin, dass »letztlich das Bewusstsein der Ursprung von Materie, Energie und den Naturgesetzen ist«. Haisch schreibt: »Der Sinn unseres Universums besteht darin, dass Gott sein eigenes Potenzial erfährt.«

Und Gott zum Vergnügen, um ihm zu wirklich freudigen und großartigen Erfahrungen zu verhelfen, führen wir dieses Experiment durch, das ein Korollar zum Toyota-Prius-Prinzip ist, bei dem die Leser spezielle Dinge in ihr Leben ziehen. Wie sein Vorgänger aus E^2 dient es dazu, schlüssig zu beweisen, dass Ihre Gedanken, Gefühle und Überzeugungen sich in Gestalt äußerer Ereignisse reproduzieren, welche wir für gewöhnlich als Zufälle oder Synchronizitäten bezeichnen.

Das Universum bemüht sich ständig um Sie

> »Also, eines sollten wir uns unmissverständlich klarmachen, okay? ... Ideen scheinen ganz buchstäblich aus dem Nichts zu kommen. Sie fliegen uns aus heiterem Himmel zu. ... Unsere Aufgabe besteht also nicht darin, nach Ideen zu suchen, sondern sie zu erkennen, wenn sie auftauchen.«
>
> *Stephen King, amerikanischer Autor*

2. Experiment

Das Steuerberatungsunternehmen H&R Block schaltete in der Steuersaison 2014 in den USA eine brillante Anzeigenkampagne. Unter dem Slogan »Amerika, hol dir deine Milliarde zurück!« sah man einen Snackverkäufer, der in einem riesigen Footballstadion Fünfhundert-Dollar-Scheine auf jeden Sitzplatz legte. Die Idee war, dass wir, wenn wir unsere Steuererklärung selbst ausfüllen, viel Geld verlieren, weil wir uns alle möglichen Steuernachlässe entgehen lassen. Mit anderen Worten, wir betrügen uns selbst um Geld, das uns eigentlich zusteht.

Genau darum geht es bei diesem Experiment.

Es geht vielleicht nicht um Milliarden Dollar, aber dennoch ist es so, dass wir Menschen uns selbst betrügen, indem wir Informationen und Zeichen geflissentlich übersehen, mit denen das Universum ständig um unsere Aufmerksamkeit buhlt. Wir lassen uns einen enormen Schatz an Wissen und Weisheit entgehen, der uns helfen könnte, unser Leben in gute Bahnen zu lenken. Wenn wir uns in unserer eindimensionalen Realität einigeln, die Welt durch einen erbsenkleinen Sucher betrachten und meinen, ganz allein zurechtkommen zu müssen, entgehen uns die Größe und die Großartigkeit des Universums.

Wir lassen unser wahres Potenzial brachliegen.

Wir kennen das in körperlicher Hinsicht (»Ich würde ja gerne den Marathon mitlaufen, aber ich habe meine Laufschuhe schon seit zwei Jahren nicht mehr angezogen.«) und in geistiger Hinsicht (»Ich konnte fließend Arabisch sprechen, aber mein Freund, mit dem ich mich immer unterhalten habe, ist nach Saudi-Arabien zurückgekehrt, und inzwischen habe ich fast alles vergessen.«). Wir müssen Fähigkeiten trainieren. Lassen wir sie brachliegen, gehen sie verloren.

Das gilt auch für unsere Intuition, den so wichtigen Zugang zu den höheren geistigen Dimensionen, der ein wichtiger, wenn auch unterschätzter Teil unseres Erbes ist.

Leute: Wir haben Freunde auf höchster Ebene! Wir sind verbunden mit dieser gewaltigen universalen Liebesenergie, diesem Feld, das uns zu allem verhelfen kann, was wir jemals benötigen könnten. Das Problem besteht darin, dass wir dem keine Beachtung schenken. In jedem Augenblick werden uns wertvolle Informationen angeboten, klare Zeichen und Führung rund um die Uhr. Aber weil wir uns lieber auf unseren eigenen bestenfalls halb bewussten Verstand verlassen, haben wir dieses unglaubliche multidimensionale Universum auf die Größe eines Schuhkartons geschrumpft.

Hinausklettern ist nicht schwieriger als Schachspielen

> »Ich bin größer und besser, als ich dachte.
> Ich wusste nicht, dass in mir so viel Güte ist.«
>
> *Walt Whitman, amerikanischer Dichter und Essayist*

Um Zugang zu diesen anderen Dimensionen zu erhalten, die, wie ich gesagt habe, im Äther herumschwirren wie Textnachrichten, müssen wir nur unsere Aufmerksamkeit verändern. Wir müssen uns einfach dafür entscheiden, unsere Wahrnehmung zu erweitern. Wie Sie inzwischen wissen, manipuliert Ihr Gehirn, besonders Ihr präfrontaler Cortex, die Wirklichkeit. Es zerhackt und etikettiert Daten, filtert und konstruiert Informationen. Dabei folgt es der Standardprogrammierung, die Sie selbst eingerichtet haben.

Diese Programmierung entscheidet, welche Informationen durchgelassen und welche unterdrückt werden und was überhaupt für möglich gehalten wird. Vieles, was aus den höheren, feineren Energiedimensionen kommt, wird gelöscht, während das alltägliche »Normalprogramm« – Empfindungen in unserem Körper und materielle Dinge in unserer unmittelbaren Umgebung – verstärkt und in den Mittelpunkt unserer Aufmerksamkeit gerückt wird.

Jenseits der Frequenzbreite unserer fünf Sinne befindet sich eine riesige Menge an Informationen, ein ganzes Spektrum energetischer Frequenzen, die wir abweisen wie an unsere Tür klopfende Evangelisten, sodass sie uns vollständig entgehen. Die unsichtbaren Frequenzen zu ignorieren, bloß weil Sie mit ihnen nicht Tango tanzen können, bedeutet, dass Sie sich Führung und Trost versagen, die jederzeit verfügbar wären. Auch Mikrowellen oder Infrarotstrahlung können wir nicht sehen, aber wir nutzen sie doch dankbar, wenn Essen aufgewärmt werden muss oder wir das Fernsehprogramm wechseln wollen, weil der Samstagabendfilm zu rührselig ist. Indem wir unseren Geist und unser Bewusstsein öffnen, immer wieder Führung anfordern und Zeichen erwarten, können wir einen ganz neuen Strom der Möglichkeiten anzapfen.

Der Arzt Bernie Siegel, Autor des Bestsellers *Prognose Hoffnung*, behauptet, aus der unsichtbaren Dimension regelmäßige und zuverlässige Führung zu erhalten. Während manche Leute die Existenz dieser anderen Dimension für unmöglich halten, findet er auf diesem Weg Heilmethoden, Lösungen und Informationen.

Warum? Weil er offen für atypische Bewusstseinsräume ist. Er nutzt diesen göttlichen »Funkkanal« sogar, um in seinem persönlichen Leben Entscheidungen zu treffen. Als er vor ein paar Jahren vor der Entscheidung stand, ob er an einem Marathonlauf teilnehmen sollte, bat er um ein Zeichen. Während des nächsten Tages fand er sechsundzwanzig Pennys. Das entspricht der Anzahl der Meilen, die bei einem Marathon gelaufen werden.

Wer braucht schon eine Kristallkugel?

> »Du bist es dir selbst schuldig,
> etwas wirklich Bemerkenswertes
> mit deinem Leben anzufangen.«
>
> *Schild auf dem Klavier eines
> fahrenden Musikers in der Stadt Quebec*

Nicht nur schickt Ihnen das FP Papierflieger mit Botschaften, sondern es lädt Sie auch ständig dazu ein, etwas Bemerkenswertes mit Ihrem Leben anzufangen. Das Universum streut schon seit Jahren für Sie Zeichen am Wegesrand aus.

Von dem 2002 erschienenen Roman *Die Bienenhüterin* sind inzwischen sechs Millionen Exemplare verkauft. Er wurde in fünfunddreißig Sprachen übersetzt und mit Queen Latifah, Alicia Keys und Dakota Fanning verfilmt. Aber er wäre nie geschrieben worden, wäre nicht seine Autorin, Sue Monk Kidd, kühn und verwegen genug gewesen, um das zu bitten, was sie sich wünschte, und den Brotkrümeln zu folgen, mit denen das Universum sie zum Ziel führte.

2. Experiment

Im Jahr 1993, Sue nahm damals an einer Tagung in Palianis auf der Insel Kreta teil, verneigte sie sich vor einer dunkelgesichtigen Ikone der Jungfrau Maria. Demütig bat sie um den Mut, Romanschriftstellerin zu werden. Sie hatte immer schon gewusst, dass sie gerne schreiben wollte, doch die Angst, davon nicht leben zu können, veranlasste sie, ein Krankenpflegeexamen zu machen und bis zum Alter von neunundzwanzig Jahren als Krankenschwester zu arbeiten. Bis zu diesem Tag, als sie es wagte, vor dieser Ikone ihren Traum laut auszusprechen, hatte sie lediglich inspirierende nicht fiktionale Texte geschrieben, in denen es um Eindrücke aus ihrem Leben mit ihrem Mann Sandy und ihren beiden Kindern ging.

Sie kehrte aus Griechenland zurück und schrieb ein erstes Romankapitel über ein Mädchen, in dessen Zimmer eine Wand voller Bienen ist. Sie ging damit zu einem Autorenseminar, wo der Professor, der das Seminar leitete, ihren Text als »interessant, aber mit wenig Potenzial« bezeichnete. Obwohl sie den deutlichen inneren Impuls verspürte, den Roman zu schreiben, machte sie aus dem ersten Kapitel eine Kurzgeschichte und vergaß das Ganze. Allerdings nicht wirklich.

Sechs Jahre lang ging ihr die Sache immer wieder im Kopf herum. Sechs Jahre und ein paar Sachbücher später war Sue Monk Kidd wieder in Griechenland. Dieses Mal reiste sie mit ihrer Tochter, die gerade den Collegeabschluss gemacht hatte. Inzwischen näherte sich Sue den Wechseljahren, und der unerfüllte Traum, Romanschriftstellerin zu werden, rumorte immer noch in ihr. In Ephesos, in einem Olivenhain nahe bei dem Haus, in dem einst Maria gelebt hatte, beschloss sie, erneut zu beten.

In ihrem autobiografischen Buch *Granatapfeljahre* fragt Sue: »Werden die Gebete gehört, die wir hinaus ins Universum senden? Können sie etwas verändern? Oder ist unser Flehen nur eine Form magischen Denkens?«

Es war viel Zeit vergangen, seit sie das letzte Mal konkret um etwas gebeten hatte, aber erneut fragte sie wegen des Romans. Sie bat um Führung, um ein klares Zeichen. Im Moment, als Sue aus der kleinen Kapelle kam, um sich wieder ihrer Tochter anzuschließen, setzte sich eine Biene auf Sues linke Schulter. Ann streckte reflexartig die Hand aus, um die Biene zu verscheuchen, doch Sue schüttelte den Kopf. »Nicht«, sagte sie, »es ist eine Biene. Eine *Biene*.«

Sie gingen den Hügel hinab, vorbei an der heiligen Quelle. Die Biene blieb beharrlich auf Sues Schulter sitzen, den ganzen Weg zurück zum Reisebus.

»Was ist denn nur los mit dieser Biene?«, wunderte sich Ann. »Es sieht aus, als hätte sie dich adoptiert.«

»Sie sagt mir, dass ich nach Hause reisen und den Roman zu Ende schreiben soll, den ich vor sechs Jahren begonnen habe«, sagte Sue.

Der Sprung ins Kaninchenloch

»Haben wir unsere Perspektive einmal verändert, gibt es kein Zurück. Wir stehen erhobenen Hauptes wie ein witternder Hirsch – lebendig. Wenn wir in uns selbst nach Führung suchen, auf kleine Hinweise achten, erkennen wir, dass sich nicht nur ein anderes Leben für uns auftut, sondern dass dies der wahre Grund für unser Hiersein ist.«

Carol Adrienne, Koautorin des Buches Die Erkenntnisse von Celestine

2. Experiment

Haben Sie einmal entdeckt, welche Macht in Ihren Gedanken und Ihrem Bewusstsein liegt, gibt es kein Zurück. Ist der Zaubertrank getrunken, können Sie das nicht wieder ungeschehen machen.

Sie können sich dafür entscheiden, diese Informationen nicht zu nutzen. Sie können sich verhalten wie Cypher im Film *Matrix*, der zu Morpheus sagt, er könne sich seine rote Pille »in den Arsch stecken«, aber Sie können nicht mehr vergessen, dass es diese andere Dimension gibt. Und Sie nutzen Ihre schöpferische Macht so oder so. Nur geschieht es im einen Fall unbewusst, indem Sie Ihr Leben gemäß der Standardprogrammierung der Gesellschaft erschaffen und damit der historischen Geschichte von Schmerz und Leid immer neue Kapitel hinzufügen.

Doch im Unterschied zu Hollywood schenkt Ihnen das wirkliche Leben immer wieder neue Gelegenheiten, sich für die rote Pille zu entscheiden. Diese Gelegenheiten wachsen ständig nach wie Barthaare.

Irrtümlich glauben die Leute, es gäbe für ihr Gutes eine zeitliche Begrenzung, ein Verfallsdatum. Sie quälen sich mit dem Gedanken, damals 1986 ihre große Chance verpasst zu haben oder dass sie dieses und jenes Jobangebot besser hätten annehmen sollen. Doch die Chance, sich ein gutes Leben zu erschaffen, tut sich immer wieder neu vor uns auf. Daher können Sie das Boot nie wirklich verpassen, denn gleich nach diesem kommt schon das nächste.

Synchronizität,
Muster und größere Realitäten
(oder: »Was uns Rose heißt,
wie es auch hieße,
würde lieblich duften.«)

> »Energie zu Gestalten zu formen ist für uns
> so natürlich wie das Atmen. Wir tun es ständig,
> ohne uns dessen bewusst zu sein.«
>
> *Damien Echols, ehemaliger Strafgefangener,
> heute Dichter und spiritueller Lehrer*

In ihrem Buch *Tiny Beautiful Things* berichtet Cheryl Strayed als »Dear Sugar« von einer Wanderung in New Mexico. Sie war seit mehreren Stunden allein unterwegs. Als sie um eine Biegung kam, traf sie auf einen weiteren einsamen Wanderer, der gerade eben noch einen einsamen Wanderer getroffen hatte. Jetzt mussten alle drei lachen, kamen ins Gespräch und stellten fest, dass sie alle am gleichen Tag Geburtstag hatten und in drei aufeinanderfolgenden Jahren geboren waren.

Der brillante europäische Journalist Arthur Koestler erzählte die Geschichte eines Franzosen, dem als Junge in Orleans von einem Besucher seiner Eltern ein Plumpudding geschenkt wurde. Der Besucher, Michael de Fortgibu, beeindruckte den Franzosen fast ebenso wie der Plumpudding. Mehrere Jahre später ging er in Paris in ein Restaurant und sah, dass dort Plumpudding auf der Karte stand. Er bestellte sich das Gericht, doch der Kellner sagte, soeben sei ihr letzter Plumpudding einem anderen Gast serviert worden. Dieser Gast war kein anderer als Michael de Fortgibu, den der junge Franzose seit der Begegnung im Haus seiner Eltern nicht mehr gesehen hatte.

Viele Jahre später wurde der Franzose zu einer Dinnerparty eingeladen, wo ebenfalls Plumpudding serviert wurde. Gerade als unser Held sich an das Erlebnis in dem Pariser Restaurant erinnerte, wo er de Fortgibu wiederbegegnet war, der die letzte Portion Plumpudding bestellt hatte, klopfte es an der Tür. Und herein kam niemand anderer als jener Michael de Fortgibu, inzwischen alt, gebrechlich und ziemlich durcheinander. Er war zu einer anderen Dinnerparty eingeladen gewesen und hatte sich in der Adresse geirrt.

Zufälle sind keine merkwürdigen Anomalien, ausgespuckt von dem, was John Lilly das »kosmische Zufalls-Kontrollzentrum« nannte, sondern Beweise für die Existenz des FP, des Feldes des Potenzials, mit dem wir alle verbunden sind. Sie sind die wissenschaftliche Ursache dafür, dass das Toyota-Prius-Prinzip (»Du beeinflusst das Feld und ziehst aus ihm das in dein Leben, was deinen Glaubenssätzen und Erwartungen entspricht«) so effektiv ist.

Carl Gustav Jung, der den Begriff *Synchronizität* prägte, glaubte, dass wir durch diese unheimlichen Zufälle Einblicke in die dem Universum zugrunde liegende Ordnung erhalten. Die glücklichen Zufälle, dass ich ausgerechnet bei dem einen Mal, als ich die Bibliothek der Universität von Sydney aufsuchte, dort einer anderen Austauschstudentin aus Kansas begegnete (ich studierte an der Macquarie-Universität am anderen Ende der Stadt) oder dass ich in einem Restaurant in der mexikanischen Stadt Juarez meine Tante und meinen Onkel traf, die ich seit fünf Jahren nicht gesehen hatte, bezeichnete Jung als das »akausale verbindende Prinzip«, das Geist und Materie miteinander verknüpft.

Seine Theorie besagt, dass sich dann, wenn in unserer Psyche ein starkes dementsprechendes Bedürfnis besteht, die allem zugrunde liegende Verbundenheit auf für uns hilfreiche Weise manifestiert. Ich möchte das dahingehend erweitern, dass die zugrunde liegende Verbundenheit auch am Werk ist, wenn kein starkes Bedürfnis besteht. Sie schickt uns Zeichen und Botschaften und versucht, zu uns durchzudringen. Weltbild 2.0 sagt uns, dass die Welt, in der wir leben, viel verwobener und ganzheitlicher ist, als wir je für möglich gehalten haben.

Je mehr wir uns für diese Verbundenheit mit dem Feld des unendlichen Potenzials öffnen, desto mehr wirkt dieser Tanz der Energie zu unseren Gunsten. Viele von uns ziehen es vor, sich »isoliert« zu fühlen, statt anzuerkennen, dass das Universum pausenlos tätig ist, um uns zu beschenken, uns mit Liebe zu überschütten und für all unsere Bedürfnisse zu sorgen.

Da ist zum Beispiel Shelley, eine Leserin, die mir die folgende Geschichte schickte.

> Sie machte Urlaub in Paris und gönnte ihren Füßen auf einer Kirchenbank in Notre Dame eine Erholungspause. Das einzige Paar Schuhe, das sie für ihr Paris-Abenteuer eingepackt hatte, erwies sich als äußerst unbequem, sodass ihre Zehen heftig schmerzten. Da sie auf ihrer Europareise strikt den Plan befolgte, nicht mehr als zwanzig Dollar pro Tag auszugeben, lag es außerhalb ihres Budgets, sich andere Schuhe zu kaufen. Plötzlich verspürte sie den intuitiven Impuls aufzustehen, die Kirche zu verlassen und draußen

nach links zu gehen. Sie bog intuitiv noch ein paarmal ab und gelangte zu einer Mülltonne, auf der ein Paar schwarze Stiefel standen. Die Stiefel sahen aus wie neu und passten perfekt. Diese Stiefel waren ihr buchstäblich vom Universum geschenkt worden.

Die meisten von uns legen sich ein System von Glaubenssätzen zurecht, um dieses kunstvoll und ganzheitlich organisierte Feld zu erklären, das durch »Zufälle« und »Synchronizitäten« auf sich aufmerksam macht.

Für manche von uns handelt es sich dabei um Engel, die uns den rettenden Hinweis geben, dass wir nach rechts abbiegen sollen, wenn der Weg geradeaus in eine Katastrophe geführt hätte. Oder wir nennen das Buch, das uns in der Bibliothek buchstäblich vor die Füße fällt, Schicksal oder blinden Zufall. Andere glauben dem alten Sprichwort, dass »Zufälle auf dem Wunsch Gottes beruhen, anonym zu bleiben«.

Wie Sie es nennen, spielt keine Rolle. Viel wichtiger ist, was Sie damit anfangen.

Anekdotische Beweise

> »Ich bin seit über zwanzig Jahren
> totaler Manifestations-Freak.«
>
> *Honorée Corder, eine Freundin sowie Autorin
> der Buchreihe* The Successful Single Mom

Dr. Joe Dispenza, ein Chiropraktiker mit Erfahrung auf dem Gebiet der Gehirnforschung, ist sich sicher, dass wir Realitäten einfach erschaffen, indem wir uns auf bestimmte Dinge konzentrieren. Statt es so zu machen wie viele Eltern und seinen Kindern früh zu vermitteln, dass der Glaube an Märchen und »Gott« Unsinn ist, brachte Dispenza ihnen bei, auf die unendliche Macht des Universums zu vertrauen. Er sagte ihnen, dass sie alles haben könnten, was sie sich wünschten. Dazu müssten sie nur ihren Geist und Körper davon überzeugen, dass es wahr ist.

Als seine fünfzehnjährige Tochter eine Hauptrolle in einem YouTube-Video manifestiert hatte, das zu einem Riesenerfolg wurde, fragte er sie: »Und was jetzt? Was möchtest du jetzt erschaffen?«

Sie musste nicht lange überlegen. »Ich will eine Shoppingtour mit unbegrenztem Budget!«

Hier hätten die meisten Eltern wieder etwas gesagt wie: »Ja, ja, wenn Schweine fliegen könnten.« Aber Dispenza nickte und sagte: »Okay, weißt du, was du tun musst? Du musst dir vor deinem inneren Auge klar und deutlich vorstellen, wie es sein würde, die tollste Shoppingtour deines Lebens zu machen. Das musst du täglich üben. Und wenn du nach dieser Meditation aufstehst, darfst du nicht dieselbe sein wie vorher. Du musst mit dem Gefühl aus der Meditation kommen, dass du gerade einen Haufen Geld für ein supercooles Shoppingerlebnis ausgegeben hast.«

»Kein Problem, Papa«, sagte sie.

Ein oder zwei Monate später, als Dr. Dispenza gerade in Washington mit dem Taxi zu einem Vortrag unterwegs war, klingelte sein Handy.

»Papa, du glaubst es nicht!« Seine Tochter war ganz außer Atem.

»Beruhige dich, Schatz. Erzähl mir, was passiert ist.«

»Ich habe gerade meine Shoppingtour bekommen.«

Sie war in Santa Monica mit einer Freundin shoppen gegangen. Als die beiden gerade in den Regalen ihres Lieblingsladens stöberten, kam ein Mann, den sie noch nie gesehen hatten, zu ihnen und fragte ihre Freundin, ob sie Sam Barellis Tochter sei.

Ihre Freundin nickte, unsicher, was sie von diesem überaus freundlichen Fremden halten sollte.

»Ich frage, weil Sam mir vor ein paar Monaten einen riesigen Gefallen getan hat. Und nun suche ich nach einer Gelegenheit, meine Dankbarkeit zu zeigen.«

Er zog eine Firmenkreditkarte aus der Tasche und gab sie ihnen. »Ich möchte, dass ihr Mädchen euch damit einen schönen Nachmittag macht. Nehmt sie und genießt es.«

»Okay«, sagte Dispenza. »Ich muss einfach fragen. Wie viel?«

»Siebentausendfünfhundert Dollar«, sagte sie. »Aber das ist noch nicht das Beste, Papa. Das Beste daran ist, wie viel Freude ich dabei hatte. Und ich habe diese Erfahrung selbst erschaffen, mit meinem Bewusstsein.«

Weitere anekdotische Beweise

> »Du spielst auf einer Bühne, die du mit deinen Gedanken selbst erschaffen hast.«
>
> *Dr. Kirby Surprise, amerikanischer Psychologe*

Während ich für E^2 auf Werbetour war, wurde mir das Buch *Der kosmische Bestellservice* empfohlen. Die Chiropraktikerin Leslie Wells, die mich in ihrer Radiosendung interviewte, erzählte mir, dass sie die in diesem Buch beschriebenen Prinzipien seit vielen Jahren anwendet. Sie behauptete sogar, mithilfe einer »kosmischen Bestellung« die Liebe ihres Lebens gefunden zu haben.

Fasziniert bat ich sie, mir mehr darüber zu erzählen (schließlich bin ich Journalistin). Sie erklärte, der kosmische Bestellservice funktioniere ganz einfach. Man bestellt beim Universum, was man sich wünscht – einen neuen Job, ein neues Auto oder, in Leslies Fall, einen Ehemann. Das ist dem vergleichbar, was wir im E^2-Jargon »eine Absicht festlegen« nennen.

Bärbel Mohr, die deutsche Autorin, die diese Methode entwickelte, empfahl den Leuten, einfach ihren Wunsch aufzuschreiben, ein Lieferdatum festzulegen und dann das Universum den Rest erledigen zu lassen. Man soll also ganz ähnlich bestellen, wie man bei Amazon den neuesten Bestseller bestellt. Nur dass man keinen Cent dafür bezahlen muss. Das gefällt mir besonders.

Bestellungen beim Universum kamen in England in Mode, als der ehemalige BBC-Moderator Noel Edmonds (er ist Londons Larry King) Mohrs Buch empfahl. Seine Reflexologin hatte ihm ein Exemplar davon gegeben, und die Lektüre brachte den großen Wendepunkt in seiner Karriere. *Deal or No Deal*, sein riesiger Fernseherfolg, war das direkte Resultat einer von ihm aufgegebenen Bestellung beim Universum. Ebenso bestellte er sich ein Haus in Südfrankreich und seine neue Frau. Bei den Gewinnern britischer Realityshows war es damals richtig in Mode, zu behaupten, sie verdankten ihren Sieg einer Bestellung beim Universum.

Mohr, die vor ihrem Tod im Jahr 2010 noch mehrere Bücher über das kosmische Bestellen schrieb, war ursprünglich keineswegs gläubig. Ihre erste »Bestellung« gab sie auf, damit eine Freundin endlich Ruhe gab, die ständig vom positiven Denken redete. Mohr, damals Single, sagte zu ihr: »Du meinst also, ich könnte einfach durch positives Denken den perfekten Partner finden? Diese Wette nehme ich an.«

Also schrieb sie auf, welche Eigenschaften ihr Wunschpartner haben sollte, gab in einer kleinen Zeremonie ihre »kosmische Bestellung« auf, setzte ein Lieferdatum fest und dachte nicht weiter über die Sache nach.

An dem von ihr gewünschten Liefertermin wurde sie von einem Mann, der über jede einzelne der von ihr bestellten Qualitäten verfügte, zu einem Rendezvous eingeladen. Sie war so begeistert, dass sie weitere Bestellungen aufgab (die alle geliefert wurden): ihren Traumjob, viel Geld und ein Schloss, um darin zu wohnen und zu arbeiten.

Sie sagte: »Wir bestellen sowieso alle die ganze Zeit – nur geschieht das meistens unbewusst.«

Die Methode

> »Das waren nicht die einzigen Hinweise,
> dass ich kurz davorstand,
> in ein neues Universum zu emigrieren.«
> *Sue Monk Kidd, Autorin des Romans* Die Bienenhüterin

Dieses Experiment ist ein Auffrischungskurs, ein Warm-up, um Ihre Manifestationsmuskeln wieder in Form zu bringen, und eine Erinnerung daran, dass Sie im Leben stets bekommen, wonach Sie Ausschau halten. Physiker nennen dieses Gewebe der Verbundenheit das Nullpunktfeld (ich nenne es das Feld des unendlichen Potenzials oder kurz FP) und behaupten, dass in ihm jede Möglichkeit bereits existiert.

Während der nächsten 72 Stunden werden Sie aktiv nach den folgenden acht »Möglichkeiten« Ausschau halten. Halten Sie einfach die Augen offen und konzentrieren Sie sich auf die Absicht, diese Möglichkeiten in Ihren bewussten Aufmerksamkeitsbereich zu ziehen.

Die Idee ist, dass Sie sie beim Universum »bestellen« und dass sie dann, genau wie bestellt, in Ihrem Leben auftauchen.

So, wie Sie nicht daran zweifeln, dass Amazon Ihnen das neue *Call of Duty*-Videospiel pünktlich ins Haus bringt, vertrauen Sie einfach darauf, dass die folgenden acht Dinge prompt geliefert werden:

- ein herzliches, tief aus dem Bauch kommendes Lachen
- ein Spielzeug aus Ihrer Kindheit
- Ihr Lieblingssong aus der Teenagerzeit
- die Zahl 222
- ein Beachball
- eine Seniorin mit einem modischen Hut
- das Lächeln eines Babys
- eine Reklametafel, auf der eine Botschaft für Sie steht

Denken Sie es sich als Schnitzeljagd. Das war mein liebstes Kinderspiel – und kindliches Staunen und Spiel sind das Elixier der Manifestation.

Wenn Sie möchten, können Sie das Vergnügen steigern, indem Sie sich, als Symbol für die Einnahme der roten Pille, jedes Mal ein rotes Bonbon oder Gummibärchen gönnen. Dieser Vorschlag stammt von einer wunderbaren Leserin namens Mary Salyars.

Sie bewahrt rote Bonbons in einer Glasdose auf ihrem Tisch auf, und jedes Mal wenn sie einen dieser »Momente« hat, lutscht sie eins davon als süße Erinnerung daran, eine andere Realität zu wählen.

Laborprotokoll

2. Experiment

Korollar: Das Rote-Pille-Korollar

Die Theorie: Unsere Glaubenssätze und Erwartungen beeinflussen, was wir aus dem Feld des Potenzials in unser Leben ziehen.

Die Frage: Ist es möglich, dass ich nur das sehe, was ich zu sehen erwarte?

Die Hypothese: Wenn ich mich dafür entscheide, nach den oben aufgelisteten acht Dingen Ausschau zu halten, werde ich sie finden.

Zeitraum: 72 Stunden

Heutiges Datum: _____   *Uhrzeit:* _____

Deadline für die Antwort: _____

Die Vorgehensweise: Wenn dieses Experiment Hand und Fuß hat, beweist es, dass die Außenwelt mir das widerspiegelt, was ich sehen möchte.

Während der nächsten drei Tage werde ich nach den folgenden acht Dingen Ausschau halten und sie auf dieser Liste abhaken.

- ein herzliches, tief aus dem Bauch kommendes Lachen
- ein Spielzeug aus meiner Kindheit
- mein Lieblingssong aus der Teenagerzeit
- die Zahl 222
- ein Beachball
- eine Seniorin mit einem modischen Hut
- das Lächeln eines Babys
- eine Reklametafel, auf der eine Botschaft für mich steht

Forschungsnotizen: _____

_____

_____

_____

_____

_____

»Je mehr Sie nach Synchronizitäten suchen, desto mehr Magie zieht in Ihr Leben ein. Und Sie selbst sind der Zauberer, der das Gras grün werden lässt.«

Robert Anton Wilson, amerikanischer Autor

GUT GEBLOGGT, LÖWIN!

Blockieren Sie mit Ihren Glaubenssätzen die unerschöpfliche Fülle der Welt?

»Wenn Sie das Geheimnis des Universums finden möchten, müssen Sie in den Begriffen von Energie, Frequenz und Schwingung denken.«

Nikola Tesla, serbisch-amerikanischer Erfinder

Bei allem, was mit Elektrizität zu tun hat, bin ich praktisch Analphabetin. Ich weiß, wie Stecker aussehen und wie man sie in eine Steckdose steckt. Weiter reicht mein Wissen nicht.

Es gibt aber ein elektrisches Bauteil, das eine gute Metapher dafür liefert, warum sich manche Absichten so leicht manifestieren lassen, während andere so verflucht schwer realisierbar scheinen. Dieses Bauteil nennt man Widerstand und, simpel ausgedrückt (mögen alle Elektriker mir den laienhaften Erklärungsversuch verzeihen), dient es dazu, den elektrischen Stromfluss in einem Stromkreis zu reduzieren. Widerstände begrenzen die Anzahl der Elektronen, die an einer bestimmten Stelle des Stromkreises hindurchfließen können.

Unsere Glaubenssätze über uns selbst und darüber, wie die Welt funktioniert, wirken wie elektrische Widerstände und behindern den Fluss des unerschöpflichen Reichtums der Welt. Unser Glaubenssätze sind die Bremsklötze, die den natürlichen Strom des Guten blockieren.

2. Experiment

Lassen Sie mich das an einem Beispiel erläutern. Die meisten Menschen glauben, Geld sei nur begrenzt verfügbar und müsse sauer verdient werden. Das ist ein Widerstand. Andererseits glauben sie nicht, dass Gesundheit oder Intelligenz begrenzt sind. Dass ich gesund bin, bedeutet ja nicht, dass Sie nicht auch gesund sein können. Stephen Hawkings brillanter Intellekt hindert Matt Groening oder Steven Spielberg nicht daran, ebenfalls ihren Gehirnschmalz mit Erfolg einzusetzen.

Doch wenn es um finanzielle Fülle geht, glauben viele, es sei nicht genug für alle da. Das ist ein großer, dicker Widerstand, der den Energiefluss stärker blockiert als Wolfram, Kohlenstoff und andere beliebte elektrische Widerstände. Der andere krasse Widerstand ist der Glaube, Sie wüssten genau, wie ein bestimmtes Ziel zu erreichen ist. Nehmen wir Reisewünsche, für viele Menschen ein beliebtes Thema. Die meisten Leute, mit denen ich mich unterhalte, sind der Ansicht, der beste Weg, Weltreisender zu werden, bestünde darin, eine gut bezahlte Arbeit zu finden, sodass sie Geld zurücklegen können, um sich Urlaubsreisen nach Südafrika, Monte Carlo oder wenigstens Denver leisten zu können.

Ich dagegen hegte keinerlei Erwartung in die eine oder andere Richtung. Ich empfand den brennenden Wunsch zu reisen, hatte aber nicht die leiseste Ahnung, wie ich das in die Tat umsetzen sollte. Immerhin verfügte ich aber über die Einsicht, mir meine Unwissenheit einzugestehen. Eines erkannte ich glasklar: Wenn ich meinen Wunsch, in der Welt umherzureisen, verwirklichen wollte, hatte ich nur eine einzige Option – die Sache dem Universum zu übergeben. Dann ließ ich vollkommen los und vertraute darauf, dass das Universum unendlich viel klüger ist als ich und unendlich mehr Möglichkeiten hat.

Statt dem allgemein akzeptierten Plan zu folgen, mir mühsam das nötige Geld zusammenzuverdienen, reise ich heute, ohne etwas dafür bezahlen zu müssen. Das Universum führte mich zum Beruf der Reisejournalistin, von dessen Existenz ich noch gar nichts gewusst hatte, als ich die Entscheidung traf, Weltreisende werden zu wollen.

Geld? Wer braucht Geld?

In der Welt der Elektronik können Widerstände nützlich sein (mit ihrer Hilfe kann man Wärme und Licht erzeugen), aber ich, die ich nach einem Leben voll Leichtigkeit und Schönheit strebe, ziehe es vor, den Energiefluss so weit wie irgend möglich offen zu halten.

3. EXPERIMENT

DAS-SIMON-COWELL-KOROLLAR
oder
WARUM WIR NICHT URTEILEN KÖNNEN

MEM: Dein Job ist es, zu beurteilen, was richtig oder falsch, was gut oder schlecht ist.

WELTBILD 2: *Nichts ist absolut. Nur dein Denken macht es dazu.*

»Der Mensch war immer schon sein eigenes größtes Problem.«
Reinhold Niebuhr, amerikanischer Theologe

Die Prämisse

Dieses Experiment habe ich nach dem Musikproduzenten Simon Cowell benannt, dem gefürchteten Juror von *American Idol* und *X-Factor*, der von *TV Guide* in die Liste der »fiesesten Schurken aller Zeiten« aufgenommen wurde. Wenn wir Punkte verteilen, was richtig oder falsch, gut oder schlecht ist, können wir nur verlieren, denn damit blockieren wir unsere Energie.

Ich weiß, dass es notwendig zu sein scheint, Urteile zu fällen, um das Leben wirklich verstehen zu können. Aber «Dinge zu verstehen« heißt in Wirklichkeit, ihnen ihre Macht zu nehmen. Wenn Sie einmal anfangen, allem Etikette aufzukleben – *Das ist eine Eiche. Das ist ein jugendlicher Krimineller. Das dort drüben ist ein Sofa* –, werden andere Möglichkeiten von vornherein ausgeschlossen. Sie werden abgeschnitten wie der Kopf im Film *Der Pate*. Die Eiche könnte das Zuhause eines Eichhörnchens oder ein tolles Versteck zum Versteckspielen sein. Der jugendliche Straftäter ist vielleicht ein brillanter Künstler. Das Sofa könnte ein Bett sein oder die Spielburg Ihres sechsjährigen Sohnes. Wenn wir alles sofort bewerten und einordnen, hören wir auf, nach anderen Möglichkeiten Ausschau zu halten.

Vor allem aber will dieses Experiment den traditionellen Glauben an die »absolute« Realität hinterfragen. Da wir dafür nur drei Tage zur Verfügung haben, werden wir potenzielle Absolutheiten wie den Kosmos, göttliche Wesen und den Ursprung des Denkens den Genies überlassen und jene »Absolutheiten« untersuchen, an die wir selbst glauben.

Ist es zum Beispiel eine absolute Realität, dass Sie nicht fotogen sind und kein Glück in der Liebe haben? Ist es eine absolute Realität, dass Sie nicht genug Geld verdienen oder niemals Ihren Partner verlassen würden, obwohl er Sie schlecht behandelt? Wir alle haben sie: Glaubenssätze, an denen wir unkritisch festhalten, obwohl die Fakten eigentlich eine andere Sprache sprechen.

Zu meinen »Absolutheiten« gehörte zum Beispiel der Glaube »Ich bin keine gute Rednerin. Ich fühle mich unwohl, wenn ich vor Publikum sprechen soll«. Diese Geschichte habe ich anderen immer wieder erzählt. Sie wurde zum Mantra für mich. Alle meine Freunde haben sich die Geschichte über die arme, schüchterne Pam wieder und wieder anhören müssen. Aber sie ist nicht wahrer als ihr Gegenstück, dass ich eine großartige, selbstbewusste, inspirierende Rednerin bin.

In der Quantenwelt, im Feld der unbegrenzten Möglichkeiten, ist keine Realität wahrer als eine andere. Es gibt nichts Absolutes, keine definitive Wahrheit. Mich selbst als unerfahrene Rednerin zu definieren ist nur eine von vielen Wahrscheinlichkeiten. Eine genauso gültige Wahrscheinlichkeit ist die, dass ich eine begabte Rednerin bin. Auch das ist wahr. Selbst wenn ich bisher die andere Wahrscheinlichkeit gewählt und energetisiert habe, die ich wie eine gesprungene Schallplatte immer wieder als Wahrheit verkünde.

Würde ich die Angelegenheit mithilfe Sigmund Freuds untersuchen, könnte ich bestimmt eine Menge Gründe finden, warum ich mein »Ich bin keine gute Rednerin«-Mantra ständig wiederhole. Ein Grund: Ich ernte Mitgefühl und aufmunterndes Schulterklopfen. Jedes Mal, wenn ich es sage, wiederholen meine Freunde ihre Standardsätze, die sie inzwischen auswendig können.

»Aber, Pam«, sagen sie, »du bist doch immer so geistreich und witzig. Warum solltest ausgerechnet du keine gute Rednerin sein?«

»Mehr! Ich will mehr davon hören«, möchte ich dann am liebsten immer sagen.

Mein Mantra bringt mir also Pluspunkte ein. Ich erhalte Aufmerksamkeit und habe eine gute Ausrede, mich vor etwas zu drücken, nach dem ich mich in Wirklichkeit sehne.

Doch immer wenn ich diese langweilige Selbstherabsetzung wiederholte, verlieh ich damit dieser bestimmten Realität mehr Gewicht. Ich füllte den Eimer dieser Wahrscheinlichkeit, sodass er sich immer schwerer tragen ließ. Je schneller es mir also gelang, diesen »Eimer voller Fakten« wegzustellen, desto schneller konnte ich die Wirklichkeit genießen, eine selbstbewusste, inspirierende Rednerin zu sein.

Absolute Realität ... nein, danke!

> »Wenn wir leiden,
> dann wegen unserer falschen Glaubenssätze.«
>
> Michele Longo O'Donnell, amerikanische Autorin

Es ist ein weitverbreiteter Irrtum, dass es gute und böse Menschen gibt, jene, die weiße Hüte tragen, und jene, die es verdienen, auf Bahngleise gefesselt zu werden. Dieses Spiel des Richtig-oder-Falsch, Gewinnen-oder-Verlieren, Ich-oder-Du hat weltweit epidemische Ausmaße angenommen. Indem wir alles in gut oder schlecht einteilen und mit Werturteilen belegen, verringern wir unsere Möglichkeiten um stattliche fünfzig Prozent. Indem wir glauben, es gäbe eine richtige Antwort, verlieren wir die Hälfte unserer möglichen Optionen, halbieren unsere Freiheit und unsere Energie. Und wir schaffen uns so viel mehr Regeln.

Die unsichtbare kosmische Energie wird von uns in Scheiben und Würfel zerteilt, klassifiziert und kategorisiert, bis sie ihren ganzen Saft und ihre ganze Kraft verloren hat. Durch das Spiel auf diesem Schlachtfeld bewirken wir nur, dass die gewaltige Energie, die unser Leben gestaltet und formt, in kleinkarierte und mitleidlose Bahnen fließt. Mit unseren ständigen Urteilen und Spielanalysen errichten wir einen dicken Vorhang zwischen uns und dem Feld des unbegrenzten Potenzials.

Die geistigen Klimmzüge, die notwendig sind, um dieses Entweder-oder-Spiel zu spielen, erzeugen Widerstand, bewirken, dass wir anderen die Schuld geben, und trainieren uns darauf, alles als Problem zu betrachten. So machen wir buchstäblich alles im Leben zu unserem Feind. Sogar unseren eigenen Körper, bei dem wir erwarten (auch wenn wir alles tun, um es hinauszuzögern), dass er eines Tages krank und hinfällig werden und verwesen wird.

Weltbild 1.0 beruht auf dem Glauben, dass alles dort draußen darauf aus ist, uns fertigzumachen: die Umwelt, die Politiker, unser Essen, unsere Körper (mit denen wir jährlich zum Check-up gehen, um uns gegen Funktionsstörungen zu wappnen), andere Nationen, selbst unsere Partner, bei denen wir auf Zeichen achten sollen, »dass er mich doch nicht wirklich liebt«.

Jede Nachrichtensendung, jede Kommission, jede Politikerrede, jedes Selbsthilfebuch beruht auf unserer nicht enden wollenden Faszination für das, was »falsch« ist. In unserem fruchtlosen Streben, alles Falsche in unserem Leben zu korrigieren, schlucken wir Pillen, kaufen Energiedrinks, machen Yoga-Verrenkungen, chanten, meditieren, beten zu einer nebulösen Gottheit. Oder um uns gegen das Falsche zu wappnen, von dem uns gesagt wird, dass es drohend auf uns zukommt. Die Geschichtsbücher sind voll mit schrecklichen Berichten über Kriege, Hungersnöte und politische Unruhen. Patch Adams, der Arzt und Clown, der als Vorbild für den gleichnamigen Kinofilm diente, stellte dazu einmal die kluge Frage: »Und wo ist das Partykapitel?«

Wir sehen nur, was man uns sehen lehrte

> »Das Normale sollte man nicht anstreben.
> Man sollte davor fliehen.«
>
> *Jodie Foster, amerikanische Schauspielerin*

Ist es nicht denkbar, dass wir, indem wir so fleißig daran arbeiten, diese Probleme auszulöschen, ihnen die Macht geben, uns zu beherrschen? Ist es nicht denkbar, dass wir durch unser extremes Bemühen, unser unausweichliches Schicksal zu »vermeiden«, gerade jenes Schicksal herbeiführen, dem wir zu entgehen hoffen?

Dieses Experiment veranschaulicht, dass es unsere unangebrachte Furcht ist, die uns in die Hysterie treibt. Und dass unsere seit fünftausend Jahren anerzogene Fixierung auf Mangel, Einschränkung und Unheil uns blind gemacht hat für das einfache, ewig gegenwärtige Gute, das immer auf unserer Seite ist.

Ich bitte Sie, für die nächsten zweiundsiebzig Stunden Ihre Rüstung auszuziehen. So werden Sie einen Blick auf die lebenserhaltende Energie erhaschen, die Sie durchströmt und für alle Ihre Bedürfnisse sorgt.

Schluss mit den alten Geschichten!

> »Martin Luther King sagte nie: ›Ich beschwere mich.‹«
> *Michael Bernard Beckwith, amerikanischer Autor und Pastor*

Wir alle haben unsere Geschichten. Wie die Brüder Grimm erzählen wir sie immer wieder allen, die bereit sind zuzuhören.

- »Ich schlafe nicht gut.«
- »Ich hasse es, Sport zu treiben.«
- »Ich war immer schon unorganisiert.«

Aber diese Geschichten sind nicht wahrer als ihr Gegenteil (nur ist es so, dass Sie sie durch ständige Wiederholung zu Ihrem Lebensmotto gemacht haben). Sie könnten eine völlig andere Palette von Geschichten erzählen. Manche unserer Geschichten leisten uns gute Dienste. Zum Beispiel lautet eine meiner anderen Geschichten (und diese werde ich auf jeden Fall beibehalten!), dass ich eine brillante Schriftstellerin bin. Dieser Geschichte durch Wiederholung immer mehr Gewicht zu verleihen hat mich in die Lage versetzt, siebzehn Bücher zu schreiben. Sie hat es mir ermöglicht, meinen Lebensunterhalt mit dem zu verdienen, was mir von Herzen Freude macht.

Indem wir eine Geschichte wieder und wieder erzählen, erzeugen wir neurale Pfade im Gehirn, die diese Realität verstärken.

Das Leben bietet uns vielfältige Wahlmöglichkeiten

»Quantenkreuzung. Biegen Sie in beide Richtungen ab.«
Straßenschild, auf Facebook veröffentlicht

Je nachdem, mit wem Sie sich unterhalten, sieht die Wirklichkeit radikal anders aus. Manche Menschen rauchen ihr Leben lang und erkranken nie an Lungenkrebs. Manche Menschen konsumieren Unmengen an Kalorien, verschlingen Gluten und alles mögliche andere »schädliche Zeug« und haben trotzdem einen Körper wie Kate Moss. Manche Menschen lesen Bücher wie dieses und ändern doch nichts an ihrem Leben.

Ich lernte auf der Journalistenschule, dass es keine eindeutige allgemeingültige Realität gibt. Meine Reporter-Dozentin simulierte für uns »Nachrichtenereignisse«, über die wir Anfänger Reportagen schreiben sollten. Auch wenn das erste Credo des Journalismus die Objektivität ist und man uns beibrachte, dass Voreingenommenheit unbedingt vermieden werden sollte, unterschieden sich die Reportagen, die wir schrieben, so sehr voneinander wie die Ansichten Barack Obamas und Wladimir Putins.

Und ich dachte dann jedes Mal: *Berichtest du wirklich vom selben Ereignis wie ich?*

Es gibt nicht die eine richtige Antwort

»Wenn die Realität sich von Mensch zu Mensch unterscheidet, können wir dann überhaupt von der singulären Realität sprechen? Sollten wir den Begriff nicht besser im Plural gebrauchen? Und wenn es viele Realitäten gibt, nicht bloß eine, sind dann manche von ihnen wahrer (oder realer) als andere?«

Philip K. Dick, amerikanischer Science-Fiction-Schriftsteller

Ein Glaubenssatz ist lediglich ein Gedanke, den wir immer wieder denken. Wir entscheiden, wie die Dinge sind, und dann tun wir alles, um unsere Auffassung zu beweisen. Wie wäre es, wenn wir, statt so mühsam danach zu suchen, welche Antwort richtig oder falsch ist, einfach zugeben, dass es nichts universal Richtiges gibt?

Wenn wir die Idee einer absoluten Realität aufgeben, müssen wir unsere Standpunkte nicht länger verteidigen oder nach Schuldigen suchen. Haben wir einmal damit aufgehört, das Leben in unsere kleine Kiste des Richtig oder Falsch hineinzuquetschen, können wir dieses Potenzial nutzen, um alles zu erschaffen, was wir uns wünschen.

Die Entscheidung, nicht zu urteilen, löst oft Unbehagen aus. In Weltbild 1.0 schreit alles danach, das eine Richtige zu finden:

den einen richtigen Partner, den einen richtigen Beruf, den einen richtigen Lebensstil. Damit setzen wir uns nicht nur einem immensen Druck aus (O mein Gott, was ist, wenn ich es falsch angehe? Was ist, wenn ich mich für die falsche Antwort entscheide?), sondern unterliegen einem Irrtum: In der Quantensuppe gibt es Millionen richtiger Antworten.

Wenn wir glauben, es gäbe nur eine richtige Antwort, fühlen wir uns von denen, die offensichtlich die falsche Antwort gewählt haben, beleidigt. Wenn Sie aber einmal erkannt haben, dass es viele mögliche Antworten gibt, von denen sich jeder Mensch das für ihn Richtige und Stimmige aussuchen kann, können Sie das ständige Urteilen und Kritisieren hinter sich lassen, die Dinge spielerischer angehen, mehr im Fluss sein und sich für eine bunte Palette an Möglichkeiten öffnen.

Anekdotische Beweise

> »Du brauchst nur dein Denken über das zu ändern,
> was du sehen willst, und die ganze Welt
> muss sich entsprechend auch verändern.«
>
> *Ein Kurs in Wundern*

Mit fünfundzwanzig arbeitete Michele Longo O'Donnell, Autorin des Buches *Der Himmel in dir: Von Affen und Drachen*, als examinierte Krankenschwester auf einer der ersten pädiatrischen Intensivstationen in den USA. Sie war mit einem Vietnamveteranen verheiratet, hatte eine zweijährige Tochter und war mit ihrem zweiten Kind schwanger. Da sie nur noch eine Niere besaß, glaubten die Ärzte, diese Niere wäre überlastet, und beschlossen, medikamentös die Wehen auszulösen.

Ein Fehler bei der Berechnung des Gebärzeitpunkts sorgte dafür, dass Micheles Tochter Lara mit sieben Monaten geboren wurde. Sie wog weniger als zweieinhalb Pfund. Vierundzwanzig Stunden nachdem die Geburt intravenös eingeleitet worden war, gaben die Ärzte das winzige blaurote Baby auf, das bewegungslos war und keinen Ton von sich gab. Bei Lara war die sogenannte hyaline Membrankrankheit diagnostiziert worden. Lara war nicht in der Lage, zu atmen und ihre Lunge zu entfalten. Während der ersten Nacht erlitt sie fünf Herzstillstände. Obwohl künstlich hundert Prozent Sauerstoff in ihre Lunge gepumpt wurde, reichte das nicht, um ihre Nieren und ihr Gehirn ausreichend zu versorgen. Damals, im Jahr 1970, hatten Babys in diesem Zustand normalerweise keine Überlebenschance.

Doch als der leitende Arzt am nächsten Morgen zu Michele kam und sie um ihre Einwilligung bat, die lebenserhaltenden Maßnahmen zu beenden, sagte eine innere Stimme Michele, dass alles gut werden würde. Auch wenn sie mit ihrer sechsjährigen Berufserfahrung als Kinderkrankenschwester wusste, dass Sauerstoffmangel zu ernsten Gehirnschäden führte, weigerte sie sich, den Ärzten die Beendigung der Behandlung zu gestatten.

»Es war, als gäbe es zwei Personen in mir. Die eine war ein emotionales Wrack, mein gewohntes hyperängstliches Selbst, das vor Nervosität eine Zigarette nach der anderen rauchte und jede Stunde im Labor nach Laras Blutwerten fragte. Wenn ich nach unten zu ihr schlich, ruderte sie hilflos mit den Armen, krampfhaft bemüht, Luft in ihre Lunge zu bekommen«, sagte Michele.

Doch da gab es noch ein anderes Selbst mit einem tiefen Vertrauen in die Quantenwahrscheinlichkeit, dass »alles gut werden wird«.

3. Experiment

Zwei Tage später ließ ihr Mann sie im Stich, und während zwei langen Jahren, bis Lara schließlich aus der Intensivpflege entlassen wurde, ordnete Michele ihr Leben neu. Sie weigerte sich standhaft, es als Möglichkeit zu akzeptieren, dass ihre Tochter geistig behindert sein würde, und gab die Hoffnung nicht auf, dass eine Heilung immer noch möglich war.

»Tief in mir fühlte ich, dass ich auf keinen Fall die innere Erlaubnis dazu geben durfte, dass diese Möglichkeit Teil unseres Lebens wurde. Vielleicht würden wir lernen müssen, damit umzugehen, aber es würde nicht zu unserer Identität werden«, sagte sie.

Natürlich muss man sich um Probleme kümmern, wenn sie auftauchen. Aber es ist unnötig, sich mit ihnen zu identifizieren. Wie auch der äußere Anschein sein mag, Sie sind immer noch ganz, heil und intakt. Wenn wir uns auf das Problem fixieren, klammern wir uns unbewusst daran und lassen die Möglichkeit nicht zu, dass es gelöst und überwunden werden kann. Es ist ein Unterschied, ob wir einem Problem die notwendige Aufmerksamkeit widmen oder einen Schrein dafür errichten.

Als Lara fast zwei Jahre alt war, stützte Michele die Kleine auf ihre Hüfte und wollte ihr einen Cracker in den Mund schieben, wie schon oft. Lara, die keine Anzeichen von Bewusstsein zeigte, hatte im Wesentlichen wie ein Gemüse dahinvegetiert, ganz wie die Ärzte es Michele vorhergesagt hatten. Doch diesmal lächelte sie ihre Mutter an, griff nach dem Cracker und steckte ihn sich in den Mund. Von da an machte sie rasche Fortschritte und wuchs zu einem gesunden Menschen heran. Sie studierte Jura und arbeitete schließlich für die texanische Staatsanwaltschaft.

Heute sagt Michele: »Wir sollten es unbedingt vermeiden, irgendeine Realität zu unserer Identität zu machen.«

Die Methode

> »Durch dieses Leben in Ignoranz ist der ewige, glückselige und natürliche Zustand erdrückt worden.«
>
> Sri Ramana Maharshi, indischer Guru

Für dieses Experiment werden Sie sich eine alte Geschichte aussuchen und sie in ihr Gegenteil verkehren. Sie werden eine Aussage über sich selbst, die Sie bislang für eine absolute Tatsache gehalten haben, nehmen und aktiv nach dem genauen Gegenteil Ausschau halten.

Ich weiß, dass Ihnen da bestimmt etwas in den Sinn kommen wird. Falls nicht, liefert Ihnen vielleicht der Unsinn, den ich über mich selbst zu erzählen pflegte (aber inzwischen natürlich längst hinter mir gelassen habe!), ein paar Anregungen:

- Ich fühle mich auf Partys nicht wohl.
- Meine Liebesbeziehungen funktionieren einfach nicht gut.
- Ich bin manchmal ganz schön depressiv.

Es ist nicht so wichtig, was es ist. Nehmen Sie etwas, das Sie von sich selbst glauben und oft äußern. Wählen Sie ein Identitätsmerkmal aus, das Sie schon länger tragen als Ihre Lieblingsjeans.

Und genau das werden Sie jetzt neu schreiben. Und während der nächsten 72 Stunden werden Sie nach Beweisen für diese neue Realität Ausschau halten. Sie werden aktiv nach allen Zeichen dafür suchen – nach jedem Fragment und jeder Tonscherbe –, dass das Gegenteil Ihres bisherigen Glaubens zutrifft.

3. Experiment

Es funktioniert wie das »Hi, Bob«-Spiel

»Gib deinen Glauben an den Mangel auf.«
Ein Kurs in Wundern

Während meiner Collegezeit war »Hi, Bob!« ein beliebtes Trinkspiel. (Aber natürlich wurde auf dem College so ziemlich alles als Anlass für Trinkspiele benutzt.)

Diese spezielle Variante wurde in Schlafsälen, Wohnheimen und College-Apartments in ganz Amerika an allen Abenden gespielt, an denen die *Bob Newhart Show* im Fernsehen kam. Falls Sie sie noch nicht gesehen haben: In dieser populären Sitcom der 1970er-Jahre schlüpfte der für seinen trockenen Humor bekannte Bob Newhart in die Rolle des Psychiaters Dr. Bob Hartley. Eine bunte Patientenschar ging in seiner Praxis ein und aus und, wie es so üblich ist, sagten alle immer wieder: »Hi, Bob!« Jedes Mal, wenn also jemand, sei es seine Frau, seine Sprechstundenhilfe oder einer der vielen liebenswerten Charaktere, die ihn aufsuchten, diese unvermeidlichen Worte sagte, wiederholten wir sie laut und tranken einen kräftigen Schluck Bier.

Wir konnten es gar nicht erwarten, dass wieder jemand »Hi, Bob!« sagte. Wir saßen auf der Stuhlkante, und genauso wird es bei Ihnen sein, wenn Sie aktiv nach Beweisen für das Gegenteil eines Ihrer seit Langem gehegten Glaubenssätze Ausschau halten.

Laborprotokoll

3. Experiment

Korollar: Das Simon-Cowell-Korollar

Die Theorie: Nichts ist absolut. Nur dein Denken macht es dazu.

Die Frage: Ist es möglich, dass all die Etiketten, die ich mir selbst aufklebe, all meine Glaubenssätze darüber, wer ich bin, lediglich ein Trugbild sind, von mir allein dadurch zementiert, dass ich jahrelang an ihre Gültigkeit glaubte?

Die Hypothese: Wenn ich einen lang gehegten Glaubenssatz über mich selbst ins Gegenteil verkehre, werde ich für diese neue Realität ebenso viele Beweise finden wie für die bisher von mir für wahr gehaltene.

Zeitraum: 72 Stunden

Heutiges Datum: _____   *Uhrzeit:* _____

Deadline für die Antwort: _____

Die Vorgehensweise: Ich werde eine der vielen Geschichten auswählen, die ich schon seit langer Zeit über mich glaube, und ich werde drei Tage lang untersuchen, ob das Gegenteil nicht genauso wahr sein kann.

Forschungsnotizen: _____

_____

_____

_____

_____

_____

_____

_____

_____

_____

_____

_____

_____

»Wacht auf und erwartet mehr vom Leben.«
Christine Baranski, amerikanische Schauspielerin

GUT GEBLOGGT, LÖWIN!

Mangel ist eine Illusion: Die drei besten Strategien, um ins Heilige Land zu gelangen

»Nütze deine Möglichkeiten.«
Mike Dooley, amerikanischer Autor

Peter Jackson erhielt für das Drehbuch des Films *King Kong* zwanzig Millionen Dollar. Da Sie aber nicht dafür bezahlt werden, Dramen hervorzubringen, ist es an der Zeit, für Ihr Leben ein anderes Skript zu schreiben. Und das geht so:

1. Verleihen Sie sich den Oscar für das erstaunliche »Drama«, das Sie bislang erschaffen haben. In einer Welt, die erfüllt ist von Reichtum und Schönheit, ist es eine bemerkenswerte Leistung, eine so überzeugende »Geschichte« von Mangel und Mühsal auf die Leinwand zu bringen. Um die grenzenlose Freigebigkeit der Welt auszublenden, haben Sie beeindruckende bewusstseinsverändernde Spezialeffekte angewandt. Verbeugen Sie sich und fragen Sie sich: »Wenn ich so erfolgreich darin war, Isolation und Schmerz zu erschaffen (und, glauben Sie mir, darin verdienen wir alle eine Goldmedaille!), was könnte ich mit ein bisschen Fantasie stattdessen erschaffen?«

2. Benutzen Sie Ihr Gefühl als Raketentreibstoff. Wenn Sie einmal begriffen haben, dass all das Ihre eigene Schöpfung ist, können Sie dieses intensive Gefühl nutzen, um

sich in eine andere Geschichte hineinzukatapultieren. Dass Sie hier Ihr Zelt aufgeschlagen haben, ist der einzige Grund dafür, dass Sie immer noch die Hauptrolle in dieser alten, langweilig gewordenen Serie spielen (die man schon vor Jahren hätte absetzen sollen). Und dann haben Sie einfach vergessen, dass es auf der Karte noch viele andere interessante Reiseziele gibt. Und Sie haben Ihre Zeltpflöcke in den Boden gerammt, indem Sie sich endlos darüber ausgelassen haben, »wo Sie sind« und »was in Ihrem Leben falsch läuft«. Doch Sie können jederzeit Ihr Zelt abbauen und zu einem anderen Reiseziel aufbrechen. Sie können eine andere Geschichte erleben, eine andere Realität.

3. Es ist gut möglich, dass Ihnen Ihr momentaner Zeltplatz nicht gefällt, aber Sie brauchen der Welt nichts davon zu erzählen. Sie können heimlich, still und leise Ihr Zelt einpacken und sich neu orientieren. Und wo Sie auch bisher gezeltet haben mögen, gleich in der Nähe warten Segnungen und Wunder auf Sie. Statt über das schlechte Drehbuch, den Zeltplatz, Ihre momentane Lebenssituation zu jammern, konzentrieren Sie sich von nun an einfach auf alles, was gut läuft. Wenn Sie einmal damit beginnen, Ihre Laser-Superkräfte zur Erzeugung von Möglichkeiten, Wundern und Freude zu nutzen, werden Sie sich auf einer ganz anderen Bühne wiederfinden, und man wird Ihnen einen ganz neuen Oscar überreichen.

4. EXPERIMENT

DAS KOROLLAR
»ICH BIN LIEBEVOLL UND WEISS ES«
oder
ES GIBT »DIE DA DRAUSSEN« NICHT

MEM: Du und ich (und bei dir bin ich mir da nicht so sicher) gegen den Rest der Welt.

WELTBILD 2: *Alle und alles zu lieben bringt dich in Übereinstimmung mit dem FP.*

> »Durch jeden Menschen spricht Gott.
> Warum also bringen wir nicht die
> Höflichkeit auf, zuzuhören?«
>
> *Hafiz, übersetzt durch den amerikanischen
> Dichter Daniel Ladinsky*

Die Prämisse

Durch dieses Experiment werden Sie beweisen, dass Sie tatsächlich alle Menschen lieben (Sie wissen es nur noch nicht) und dass jeder Mensch, den Sie aus Ihrem Herzen aussperren, lediglich ein Hologramm ist, das Sie erschaffen haben, um Ihnen einen Teil Ihrer selbst bewusst zu machen, den Sie im Stich gelassen haben.

Jetzt höre ich schon die Buhrufe, sehe die Bananenschalen fliegen.

»Es ist völlig ausgeschlossen«, protestieren Sie, »dass ich jemals meinen Chef lieben könnte. Ich wette, dass sogar seine Frau ihn nicht ausstehen kann.«

Oder ...

»Ich liebe meine Schwiegermutter *ganz bestimmt nicht*. Sie lässt Osama bin Laden wie ein Schmusekätzchen aussehen.«

Beim Übergang zu Weltbild 2.0 werden wir anerkennen müssen, dass wir immer dann, wenn wir Angst haben, unter Schmerzen leiden, krank sind oder eines der Hologramme dort draußen verurteilen, nicht gut auf das Feld des grenzenlosen Potenzials »eingestimmt« sind. Und weil im FP der ganze Zauber stattfindet, sollten wir uns so schnell wie möglich mit dem Feld in Einklang bringen. Dann kann die Party endlich losgehen!

Unsere Quelle (das FP, Gott oder wie immer Sie es gerne nennen möchten) liebt alle und alles. Das FP ist wie ein weiblicher Teenager, der glaubt, wir alle wären Justin Bieber. Es liebt uns sogar, wenn wir mit Strippern tanzen, nackt Bier-Pong spielen oder mit unserem Reichtum protzen – etwas, was die Teenys, die verrückt nach Justin Bieber sind, noch nicht so recht begreifen. So wie auch wir nur schwer begreifen, wie sehr wir von der Quelle geliebt werden. Die Quelle sieht uns exakt so, wie wir sind – riesige, rundum gesegnete Liebesbälle –, selbst wenn wir uns gemein benehmen, andere verurteilen oder unsere Schwiegermütter für Bin-Laden-Klone halten. Was mich zu einem wichtigen Punkt bringt: Es ist grundsätzlich nichts falsch daran, wenn Sie Ihre Schwiegermutter für einen Bin-Laden-Klon halten. Aber es gibt einen guten Grund, warum Sie sich das noch einmal überlegen sollten: Wenn wir andere (diese Hologramme, von denen wir glauben, es wären von uns getrennt existierende Leute) für unvollkommen halten, schwingen wir nicht mehr in Harmonie mit dem Feld des unendlichen Potenzials. Wir blockieren dann die Kanäle, durch die Gutes in unser Leben strömt.

Alles, was wir dort draußen »sehen«, wird durch den Projektor unseres eigenen Geistes erzeugt. Es mag Ihnen attraktiv erscheinen, sich vorzustellen, dass Ihre fiese alte Schwiegermutter dort draußen ihr Unwesen treibt, aber in Wahrheit existiert sie in Ihrem eigenen Bewusstsein. Sie spielt einfach eine wichtige Rolle in Ihrem Melodram. Und Sie selbst haben sie für diese Rolle in dem Theaterstück »dort draußen« besetzt, damit Sie Ihrer eigenen Rolle nicht ins Auge schauen müssen, die Ihnen ohne Weiteres den Oscar für den besten Oger aller Zeiten einbringen würde.

Wirklich zum Narren machen sich die bin Ladens dieser Welt, weil sie an die Geschichte des Egos glauben. Sie investieren groteske Mengen an Energie in die klassische Geschichte des Weltbildes 1.0, die da heißt: *Mein Leben ist Mist.*

Gemäß der Mein-Leben-ist-Mist-Geschichte ist es unser Job, ein Problem zu identifizieren und es dann in sämtlichen Einzelheiten zu ergründen – herausfinden, woher es kommt, warum es uns zu schaffen macht und wer dafür verantwortlich ist. Da können wir dann ebenso gut eine Selbsthilfegruppe gründen und einen Blog dazu schreiben. Wir kämpfen so intensiv für die Beseitigung des Problems, dass es zu unserer Identität wird. Aber indem wir »das Problem hassen« und unser ganzes Leben seiner Beseitigung widmen, verleihen wir ihm viel mehr Macht, als es tatsächlich besitzt.

Die Wälle niederreißen

»Etwas muss das Ganze zusammenhalten.
Ich bete zu Elmer, dem griechischen Gott des Klebstoffs.«

Tom Robbins, amerikanischer Autor

Wenn Sie schon einmal die Patrone eines Tintenstrahldruckers gewechselt haben (gewiss haben Sie das, denn diese Dinger sind doch meistens nach fünfzig Seiten leer), ist Ihnen bestimmt die Installationsnachricht auf Ihrem Computerbildschirm aufgefallen, jene, die Sie auffordert, die fünf oder sechs horizontalen Linien zu vergleichen. Dabei sollen Sie entscheiden, bei welchem der zur Auswahl stehenden Beispiele die Linien am besten übereinstimmen. Die Idee dabei ist, dass Sie klarere, schärfere Ausdrucke erhalten, wenn die Druckköpfe richtig justiert sind.

Dieses Prinzip lässt sich auch auf unseren Alltag anwenden. Wenn wir uns in Übereinstimmung mit dem Feld des unbegrenzten Potenzials befinden, gibt es keinen Widerstand. Es gibt nichts, was die Tinte (oder in unserem Fall die Liebe und die Freude) fernhalten könnte. Wenn die Tintendüsen optimal eingestellt sind, fließt alles harmonisch, alles funktioniert.

Leider verbringen die meisten von uns den größten Teil ihres Lebens in Disharmonie. Statt Louis Armstrongs »Wonderful World« zu singen und uns auf die Liebe und auf positive Erwartungen auszurichten, glauben wir, uns damit herumschlagen zu müssen, wie »die Dinge nun einmal sind«. Also sagen wir:

- »Sei nett zu mir, dann werde ich dich möglicherweise lieben.«

- »Hör auf, schlecht über meine politische Partei zu reden,

4. Experiment

dann bin ich bereit, mich auf ein Gespräch mit dir einzulassen.«

»Zeige mir, wie ich zu Geld komme. Dann werde ich mich freuen.«

Aber so funktioniert es nicht. So können wir uns nicht auf das FP einstimmen. Auf das FP stimmen Sie sich ein, indem Sie alle Menschen lieben, das »Antlitz Gottes« in allem sehen, sich glücklich fühlen und sich des Lebens freuen. Statt sich Ihre Gefühle von der scheinbaren »Realität« diktieren zu lassen, bringen Sie sich in Harmonie zum FP, das nur Liebe, Frieden und vollkommene Zufriedenheit kennt.

Wenn Sie damit fortfahren, sich über das Verhalten anderer Leute zu beklagen, versagen Sie sich diese Harmonie. Das FP ist reine Liebe, und wenn Sie eifrig dokumentieren und diskutieren, wie die Dinge Ihrer Meinung nach sind, leben Sie *nicht* im Einklang mit dem FP. Was ist denn mit all diesen Wünschen und Absichten, die Sie gerne manifestieren möchten? Wenn Sie Harmonie zum FP erreicht haben, strömt sofort alles in Ihr Leben, was Sie je benötigen oder sich wünschen könnten. Es gibt dann überhaupt keinen Widerstand. Tatsächlich sind Harmonie mit dem FP und Erleuchtung, ein in spirituellen Kreisen beliebtes Wort, Synonyme. Wenn Sie im Einklang mit dem FP leben, haben Sie alles. Alles.

Also, ich wiederhole: Der beste Weg, Ihre Tintendüsen zu justieren, besteht darin, jedes Hologramm zu lieben. Die scheinbaren »Realitäten« sind Nachrichten von gestern. Ignorieren Sie, was Ihnen nicht gefällt. Es ist passé. Es ist Geschichte. Und es wird aufhören zu existieren, sobald Sie diese Tintenstrahlen der Liebe und Freude richtig justiert haben.

Noch ein Grund, »Halleluja!« zu rufen

»Durch Dankbarkeit erschließen wir uns die Fülle des Lebens.
Sie bewirkt, dass wir uns reich fühlen mit dem, was wir haben, und
immer mehr darin finden. Sie verwandelt Leugnung in Akzeptanz,
Chaos in Ordnung, Verwirrung in Klarheit. Sie kann aus einer
einfachen Mahlzeit ein Festmahl machen, ein Haus in ein Zuhause
verwandeln und Fremde zu Freunden werden lassen.«

Melody Beattie, Autorin des Buches Die Sucht, gebraucht zu werden

Es ist ziemlich einfach, dankbar zu sein, wenn in unserem Leben gerade alles gut läuft. Aber was ist mit den Zeiten, wenn uns der Wind heftig ins Gesicht bläst? Mein Rezept: Sagen Sie trotzdem »Halleluja!«.

Wir, mit unseren Spatzenhirnen, sehen nicht immer das größere Bild. Es ist, als würden wir mit der Nase dicht vor einem pointillistischen Gemälde stehen. Es sieht aus wie ein Haufen Punkte. Aber wenn wir einen Schritt zurücktreten und die Punkte voller Dankbarkeit anschauen, wird daraus Georges Seurats *Ein Sonntagnachmittag auf der Insel La Grande Jatte*.

Gail Lynne Goodwin, Gründerin von InspiremeToday.com, erzählte mir eine Geschichte, die das perfekt veranschaulicht. Vor einigen Monaten plante sie mit einigen Freundinnen einen gemeinsamen Ausflug. Als der große Tag da war, rief morgens eine ihrer Freundinnen an und sagte, dass ihre Tochter plötzlich Fieber bekommen hatte. Sie beklagte sich über ihr Pech. Doch Gail erwiderte, was sie immer sagt: »Das ist großartig!«

»Du verstehst nicht«, sagte die Freundin. »Ich kann heute nicht mitkommen. Dabei habe ich mich so auf den Ausflug gefreut.«

Wieder sagte Gail: »Das ist großartig!« Sie erinnerte ihre Freundin daran, dass sie, wie sie doch selbst gesagt hatte, dringend Zeit brauchte, um liegen gebliebene Schreibtischarbeit zu erledigen, und dass dieses vermeintliche Pech ihr dazu die perfekte Gelegenheit bot. Ihre Freundin bedankte sich bei Gail für diesen Rat und verbrachte nicht nur einen schönen Tag mit ihrer Tochter, sondern stieß beim Surfen im Internet auf das Haus, in das sie schon seit drei Jahren verliebt war. Dieses ersehnte Traumhaus war bislang unerschwinglich für sie gewesen, doch nun wurde es zwangsversteigert und zu einem Viertel des ursprünglichen Preises angeboten.

»Sie glaubte, sie hätte großes Pech«, sagte Gail, »doch jetzt hat sie den Kaufvertrag für ihr Traumhaus.«

Wie Sie also auch momentan Ihr Leben beurteilen mögen, sagen Sie: »Halleluja!« Und seien Sie zutiefst dankbar dafür, dass sich alles zu Ihrem höchsten Wohl entfaltet.

Das Beste, was mir je passiert ist

> »Das Universum ist größer als das Bild,
> das wir uns von ihm machen.«
> *Henry David Thoreau, amerikanischer Philosoph und Autor*

Wenn Sie das von allem sagen können, was in Ihrem Leben geschieht, leben Sie in Harmonie und Einklang mit dem FP. Heute sind aber die meisten von uns vor allem auf Fehler und Probleme fokussiert. Das vorherrschende Paradigma wird Stein auf Stein aus Mangel, Leid und Schmerz gebaut.

Doch Mangel, Leid und Schmerz sind nichts als Fehlinterpretationen. Es ist, als würde unsere Wahrnehmung Suaheli und wir Englisch sprechen. Die höchste Wahrheit geht bei der Übersetzung verloren.

Hier ist ein Beispiel von vielen: Dass das eigene Haus überschwemmt wird, gehört sicher nicht zu den Top Ten der Dinge, die man im Leben gerne einmal mitmachen möchte. Aber genau das passierte einer Freundin, die ein Haus in Lyons, Colorado, besitzt. Im Sommer 2013 wurde durch eine Flutkatastrophe fast der halbe Ort ausradiert, was landesweit für große Oh-wie-schrecklich-Schlagzeilen sorgte. Doch dieses Oh-wie-schrecklich bewirkte, dass die ganze Stadt verwandelt wurde und die Liebe zum Vorschein kam, die immer schon da gewesen war, jedoch maskiert als Alltagsrealität.

Probleme, Schmerzen und Katastrophen können der Schlüssel zur Sprache der Liebe sein. In unserer gewohnten Realität (Weltbild 1.0) hören wir oft die Liebe nicht. Unser urteilender und wertender Verstand verteilt ständig schlechte Noten.

Wer, der bei gesundem Menschenverstand ist, würde sich eine Flutkatastrophe herbeiwünschen? Doch in Lyons bewirkte die Überschwemmung, dass die Menschen zusammenrückten und einander voller Liebe und Großzügigkeit halfen. Meine Freundin war überwältigt und gerührt davon, wie viel Liebe Lyons nach dem Unglück erfüllte. Obwohl durch die Überschwemmung der Strom ausfiel und der Alltag schwierig wurde, hat sie alles, was wichtig ist – ein tiefes Gefühl des Dazugehörens und der Wertschätzung für die Menschen ihrer Stadt und so viel Liebe, dass man darin baden kann. An Thanksgiving buken zum Beispiel Schüler der örtlichen Highschool Kürbiskuchen für alle Einwohner.

Ich behaupte, dass wir, auf einer bestimmten Ebene, genau wissen, was wir tun, und dass wir diese scheinbaren »Katastrophen« und »lieblosen Menschen« erschaffen, um die Wälle zu durchbrechen, die wir selbst errichtet haben. Die Liebe – die energetische Kraft – ist immer da, pulsierend, vibrierend, und möchte von uns wahrgenommen werden, doch oft braucht es erst eine Katastrophe wie diese Überschwemmung, damit wir sie erkennen.

Alle können unsere besten Freunde sein

> »Wenn die Pforten der Wahrnehmung gereinigt würden,
> würde alles dem Menschen erscheinen, wie es ist: unendlich.«
>
> *William Blake, englischer Dichter und Grafiker*

Der brillante Schauspieler Sean Penn hat im Lauf der Jahre eine große Bandbreite an Charakteren verkörpert: In *Ich glaub', ich steh' im Wald* schlüpfte er in die Rolle eines kiffenden Surfers und fügte dem amerikanischen Wortschatz fast im Alleingang den Begriff »Dude« hinzu. In *Dead Man Walking* spielte er einen rassistischen Mörder, in *Ich bin Sam* einen geistig behinderten Vater und in *Milk* die Ikone der Schwulenbewegung Harvey Milk, der in der Blüte seiner Jahre niedergeschossen wurde. Im wirklichen Leben würde niemand von uns sich freiwillig solche Rollen aussuchen. Sie sind unattraktiv und, jedenfalls oberflächlich betrachtet, schwierig zu leben. Penn wählte die Rollen natürlich aus, weil sie ihm die Gelegenheit boten, sein Spektrum als Schauspieler zu erweitern. Sie halfen ihm zu wachsen. Sie halfen ihm, enorm erfolgreich zu werden. Für seine Darstellung des Harvey Milk gewann er den Oscar und wurde für den Golden Globe nominiert.

Ich glaube, dass dies der Grund ist, warum wir in ähnlicher Weise oft Hologramme von lieblosen Dingen erschaffen – wegen der Expansion, die dadurch möglich wird, wegen des »Oscars«, den wir uns auf der großen Bühne des Lebens erhoffen.

Unser wertender Verstand ruft allzu schnell: »O mein Gott! Was für eine Katastrophe!« Dann machen wir die Schotten dicht und halten die Oh-wie-schrecklich-Karten hoch. Und flüchten in Schuldzuweisungen und Selbstgerechtigkeit.

Nehmen wir zum Beispiel das Thema sexueller Missbrauch. Wer im Weltbild 1.0 könnte sich in einer solchen Situation eines Urteils enthalten, besonders wenn das Opfer ein Kind ist? Doch Louise Hay, die große Vorreiterin der Selbsthilfebewegung, die das Leben von Millionen weltweit zum Besseren veränderte, wäre vermutlich nicht der Mensch, der sie heute ist, hätte sie nicht dieses Trauma durchgemacht. Durch diese scheinbar schreckliche Erfahrung war sie in der Lage, ihre innere Weisheit zu finden und zu erkennen, dass sie ein Kanal für unerschöpfliche Liebe ist.

Viele Dinge, die auf den ersten Blick wie Schwierigkeiten aussehen, erweisen sich letzten Endes als wahre Wunder. Der Krebs, den wir für einen unfairen Schicksalsschlag halten, kann für uns der Weg zur Wahrheit werden. Er kann ein Tor zu enormen Chancen und Möglichkeiten sein. Wir müssen entscheiden.

Statt »Warum passieren guten Menschen schlimme Dinge?« sollten wir besser fragen: »Warum nur glauben gute Menschen überhaupt, dass schlimme Dinge passieren können?« Etwas als schlimm einzustufen ist eine Ermessensentscheidung, für die wir eigentlich gar nicht qualifiziert sind. So, wie Sie nicht eingeladen wurden, neben Jennifer Lopez und Keith Urban in der Jury von *American Idol* zu sitzen, sind Sie auch nicht wirklich qualifiziert, darüber zu urteilen, was gut und was schlecht ist.

Sind wir aber einmal so weit, dass wir jeden Morgen nach dem Aufwachen sagen: »Das ist das Beste, was mir je passiert ist«, befinden wir uns in Harmonie zum FP. Dann können Schönheit und Freude in unser Leben einziehen, und alle Menschen werden unsere besten Freunde.

Ich freue mich auf den Tag, an dem ich in der Lage sein werde, Liebe zu erkennen und hervorzubringen, ohne Katastrophen zu erschaffen. Aber bis dahin werde ich mich, wie Randy Jackson, aus der Jury zurückziehen und keine Urteile mehr abgeben.

Anekdotische Beweise

> »Sich auf das Denken zu verlassen ist unser Fluchtweg.
> Die einzige Handlungsanweisung des Verstandes,
> die wir befolgen sollten, lautet: ›Ruhe in der Gegenwart‹.
> Diese eine Anweisung verändert alles.«
>
> *Scott Kiloby, Autor und Lehrer*

Am 15. April 2013 explodierten nahe der Zielgeraden des Boston Marathon zwei Sprengsätze. Die Bilder dieses schrecklichen Anschlags gingen um die Welt.

James Costello war dort an der Zielgeraden, um einen früheren Schulkameraden anzufeuern, als die zweite Bombe unmittelbar neben seinem rechten Fuß detonierte. Ein Minuten später aufgenommenes Foto von Costello, das ihn mit schweren Verbrennungen und zerfetzter Kleidung zeigt, wurde zu einem der ikonischen Bilder dieser Tragödie.

Bim, wie ihn seine Freunde nennen, lag zwei Wochen im Massachussetts General Hospital und musste sich zahlreichen Operationen unterziehen, wobei ihm bei einem dieser Eingriffe

Schweinehaut implantiert wurde, um seine Haut zu ersetzen. Anschließend wurde Costello in das Spaulding-Rehabilitationszentrum in Boston verlegt. Eine solche Erfahrung würde wohl niemand freiwillig wählen.

Doch heute sagt Costello: »Ich bin wirklich froh, dass mir das passiert ist.«

Während seiner langen, schwierigen Reha lernte er Krista D'Agostino kennen, eine schöne dunkelhaarige Krankenschwester, die ihm seine Verbände wechselte. Er lud sie ein, ihn zu einer Wohltätigkeitsveranstaltung für die Überlebenden des Bombenanschlags zu begleiten, und seitdem sind die beiden ein Paar. Im Dezember unternahmen sie zusammen eine zehntägige Kreuzfahrt in Europa, und in Lyon machte er ihr einen Heiratsantrag.

»Ich wünschte, außer mir wäre bei dem Attentat niemand zu Schaden gekommen. Aber für mich war es das Beste, was mir je passiert ist«, sagte Costello, der sich bis heute immer noch Metallsplitter der Bombe aus seinem rechten Bein ziehen muss. »Ich erkenne jetzt, warum ich in diese Tragödie verwickelt wurde. Ich war dort, um meine beste Freundin und die Liebe meines Lebens zu treffen.«

Die Methode

> »Was die Praxis der Toleranz angeht,
> sind unsere Feinde die besten Lehrer.«
>
> *Dalai Lama, tibetischer Religionsführer*

Wenn Sie bisher dachten, Online-Partnervermittlungen wie Match.com oder eHarmony wären effektiv, sollten Sie einmal diese Methode hier ausprobieren.

4. Experiment

Dieses Experiment, für das sie keine lästigen Abogebühren zahlen müssen, soll zwei Dinge beweisen: Liebe ist nicht etwas, das Sie finden müssen (es ist, was Sie sind). Und wenn Sie »verliebt« (in alle und alles) sind, befinden Sie sich in Harmonie mit der Quelle, was bewirkt, dass Ihre Absichten sich ganz leicht und mühelos manifestieren.

1. **Werfen Sie mit Liebe um sich.** Besorgen Sie sich einen Block mit kleinen Klebezetteln (es gibt sie in allen möglichen leuchtenden Farben) und schreiben Sie Liebesnotizen an die ganze Welt. Kleben Sie sie überallhin: zum Beispiel in Bücher, die Sie in die Bibliothek zurückbringen, oder auf die Rückseite der Geldscheine, mit denen Sie beim Einkauf bezahlen (falls Sie überhaupt noch mit Bargeld einkaufen).

2. **Bringen Sie dem nervigsten Menschen, den Sie kennen, Wertschätzung entgegen.** Ich hörte den spirituellen Buchautor Wayne Dyer einmal sagen, dass er auf seinem Altar ein Foto des erzkonservativen Radiomoderators Rush Limbaugh stehen hat. Es steht dort neben dem heiligen Franziskus, Laotse und anderen Meistern, weil wir, wenn wir es schaffen, Rush Limbaugh zu lieben, wirklich bedingungslos lieben können. Wählen Sie also eine Person aus, die Ihnen mächtig auf die Nerven geht (ich bin sicher, dass Ihnen da jemand einfällt), und suchen Sie bei diesem Menschen nach liebenswerten Eigenschaften.

3. **Bewerten Sie auf einer Skala von 1 bis 10, wie Sie sich vor und nach diesen beiden Versuchen fühlen.**

Laborprotokoll

4. Experiment

Korollar: »Ich bin liebevoll und weiß es.«

Die Theorie: »Die anderen« gibt es nicht. Es gibt nur »uns«.

Die Frage: Ist es möglich, dass alle Menschen (und Situationen und Ereignisse und andere unerträgliche Dinge), die ich nicht ausstehen kann, in Wirklichkeit ein Segen für mich sind, weil sie mich dazu anregen, zu wachsen und mich weiterzuentwickeln?

Die Hypothese: Je mehr Liebe ich erzeuge, desto mehr befinde ich mich in Harmonie mit dem Feld des unendlichen Potenzials.

Zeitraum: 72 Stunden

Die Vorgehensweise: Halten Sie bei Ihrem Gegner aktiv nach liebenswerten, positiven Eigenschaften Ausschau. Versuchen Sie, diesen Menschen in einem anderen Licht zu sehen. Vielleicht können Sie ihn sich als kleinen Jungen vorstellen, der von seinen Schulkameraden gehänselt wird. Vielleicht können Sie die Zähigkeit und Energie Ihrer Lieblingsfeindin wertschätzen, auch wenn Sie ihr Verhalten nicht billigen. Und verbringen Sie dann drei Tage damit, Liebesbotschaften in Gestalt kleiner Klebezettel hinaus in die Welt zu schicken.

Beobachten Sie, wie Sie sich vorher und nachher fühlen.

Wie ich mich vorher fühle: _____

_____

Wie ich mich nachher fühle: _____

_____

Forschungsnotizen: _____

_____

_____

_____

_____

_____

_____

_____

»Behütet unsere Kette der Menschlichkeit.«

Pete Seeger, amerikanischer Folksänger und Aktivist

GUT GEBLOGGT, LÖWIN!

Ich weiß nichts

»Wenn du auf der richtigen Ebene herumschwirrst,
passieren ständig unglaubliche Dinge.«

*Gesprächsfetzen, aufgeschnappt
bei Starbucks von Eitan Tom Aitch*

Ich habe oft über Hans Schultz aus der Fernsehserie *Ein Käfig voller Helden* nachgedacht. Er ist Feldwebel unter dem Kommando von Oberst Wilhelm Klink.

Schultz wusste zwar über die Schwindeleien der alliierten Kriegsgefangenen Bescheid, die vom Lager Stalag 13 aus Spezialeinsätze durchführten, war aber berühmt dafür, dass er gegenüber seinem unfähigen Oberst stets mit unverwechselbarem deutschem Akzent zu sagen pflegte: »Ich weiß nichts.«

Diese Zeile (mit dem Akzent) wiederhole ich ziemlich oft. Sie ist sogar zu einem wesentlichen Bestandteil meiner spirituellen Praxis geworden. Ich habe gelernt, dass ich jedes Mal, wenn ich glaube, etwas durchschaut zu haben, jedes Mal, wenn ich glaube, den Weg zur Verwirklichung einer Absicht oder eines Traumes gefunden zu haben, prompt über meine eigenen Füße stolpere. Meine Fähigkeit, Dinge zu begreifen und meinen Verstand zu gebrauchen, stößt immer wieder an schmerzliche Grenzen. Aber wenn ich »nichts weiß« wie Hans Schultz, öffne ich damit alle Türen, sodass Segnungen aller Art in mein Leben strömen können.

4. Experiment

Zum Beispiel erhielt ich eine unglaubliche Reaktion auf mein erstes Posting auf The Daily Love. Diese populäre Webseite wird von Mastin Kipp betrieben, einem jungen Unternehmer, der kürzlich bei Oprah Winfreys *Super Soul Sunday* als einer der zukunftsweisenden Denker der nächsten Generation porträtiert wurde. Ich sah zufällig diese Sendung, informierte mich im Internet über Mastin und stellte fest, dass er in meiner Heimatstadt aufwuchs. Ich entschied, dass ich für The Daily Love schreiben wollte, und unternahm, was ich nur konnte, um Mastin für meine »brillante Weisheit« zu interessieren. Ich schrieb einen Artikel über ihn im Lokalblatt *Lawrence Magazine*. Dafür traf ich ihn sogar persönlich!

Doch dieser anfängliche Plan, meine Strategie, wie ich ins Team von The Daily Love aufgenommen werden wollte? Vergessen Sie's – es funktionierte nicht. Nichts passierte.

Als ich mich aber gedanklich von meinem Plan löste, Hans Schultz' legendäre Zeile wiederholte (»Ich weiß nichts«) und nicht weiter an die Sache dachte (»Wünschen und vergessen« ist mein neues Mantra), kontaktierte mich Madeline Giles, die Redakteurin von The Daily Love – bekannt als die »Liebes-Kuratorin«. Völlig unerwartet schrieb sie mir, dass ihr mein neues Buch gefiele, und fragte, ob ich für The Daily Love schreiben wollte.

Also, Hans Schultz, ich danke dir, denn du hast bewiesen, dass Inspiration und wichtige spirituelle Praktiken von überall her kommen können.

5. EXPERIMENT

DAS KOROLLAR
»DAS GELD UND ICH
SIND DIE BESTEN FREUNDE«

oder

GELD IST NICHT KOMPLIZIERT

MEM: Zu viele, um sie hier aufzulisten. Siehe weiter unten.

WELTBILD 2: *Geld ist einfach nur Energie und spiegelt unsere Überzeugungen wider.*

> »Ich entdeckte, dass es einfach war, Geld zu verdienen …
> [und] ich wusste, dass ich nicht deswegen hier bin.«
>
> Peace Pilgrim, amerikanische Pazifistin und Aktivistin

Die Prämisse

Dieses Experiment wird Ihnen beweisen, dass Geld einfach nur Energie ist und dass allein Ihr Ballast, den Sie bezüglich des Geldes mit sich herumschleppen, Sie daran hindert, genug Geld zu haben, sich daran zu erfreuen und zu erkennen, dass Sie nicht deswegen hier sind. Ihre gegenwärtige finanzielle Situation ist ein Spiegelbild Ihrer Glaubenssätze und Erwartungen. Wenn Sie Ihre Glaubenssätze und Erwartungen ändern, wird sich Ihre gesamte finanzielle Situation ändern.

Im Weltbild 1.0 sind unsere Glaubenssätze zum Thema Geld völlig verdreht. In 1.0 glauben wir doch tatsächlich, Geld wäre wichtiger als unsere Brüder und Schwestern! Wir stellen diese Papierstreifen und Metallmünzen (und heutzutage Plastikkarten, auf die unser Name gestanzt ist) auf ein Podest, verneigen uns davor und beten sie an.

Es ist an der Zeit, diesen Glaubenssätzen ins Auge zu sehen und sie als die Riesenlügner zu entlarven, die sie sind. Ja, das sind die Meme, die so zahlreich sind, dass ich sie oben nicht auflisten konnte!

Geld, Geld an der Wand

> »Wäre das Geld, so wie ich früher über es dachte,
> eine Person, dann wäre es für mich ein unerreichbarer
> Hollywoodstar oder eine Art Gott gewesen.«
>
> *Grace Bell, Lehrerin von Byron Katies* The Work

Die meisten von uns haben eine von Ängsten belastete Beziehung zum Geld. Wir glauben, es sei nur begrenzt vorhanden, man müsse hart arbeiten, um es zu erlangen, und wir halten es für so unberechenbar wie Lindsay Lohan. Wir glauben, wir hätten keine Kontrolle über das Geld und uns überlegene Mächte würden die Fäden ziehen. Wir verknüpfen das Geld mit Jobs, die wir sehr oft hassen und nur widerwillig ausüben. Es erübrigt sich zu sagen, dass solche Gedanken nicht gerade für ein unbeschwertes Verhältnis zum Geld sorgen.

Nehmen wir also allen Mut zusammen und schauen wir uns die zehn wichtigsten Lügen zum Thema Geld an:

Riesenlüge Nummer 1: *Du brauchst es, um glücklich zu sein.*
Menschen in Entwicklungsländern, die noch in Kontakt mit der natürlichen Welt leben (obwohl die entwickelte Welt alles tut, um dieses Wissen auszulöschen), lachen über den Aufwand, den wir betreiben, um Geld anzuhäufen, und über die zum Teil wirklich grotesken Dinge, die wir damit kaufen. Und auf den diversen Listen der Glücksfaktoren taucht nichts auf, was einen Bezug zum Bruttoinlandsprodukt hätte.

Riesenlüge Nummer 2: *Wenn du es hast, bist du glücklicher.*
Hierzu sage ich nur zwei Worte: Owen Wilson. Er besaß sechzig Millionen Dollar, und im Jahr 2007 schnitt er sich die Pulsadern auf. Sein Selbstmordversuch misslang, aber er ist der lebende Beweis, dass man Glück nicht kaufen kann. Ein anderer bekannter Schauspieler, Jim Carrey, ist berühmt für seinen Ausspruch, dass er sich wünscht, alle wären reich (und berühmt), denn dann würden sie sehen, dass es nicht die Lösung ist.

Riesenlüge Nummer 3: *Man muss sich krumm schuften, um es zu bekommen.*
Beantworten Sie mir folgende Frage: Wer arbeitet schwerer – ein Fabrikarbeiter mit Achtstundentag oder Donald Trump? Einige der finanziell ärmsten Menschen, die ich kenne, arbeiten für Niedriglöhne in Sklavenjobs. Sie müssen fast rund um die Uhr schuften, um wenigstens halbwegs über die Runden zu kommen. Geld, jedenfalls in meinem Leben, fließt oft ganz unerwartet. Und alle diese E-Mails mit Erfahrungsberichten, die die Leserinnen und Leser mir schickten? Darunter waren zahllose Geschichten von Leuten, die plötzlich einen unerwarteten Geldsegen erlebten.

Riesenlüge Nummer 4: *Es ist immer nur begrenzt verfügbar.*
Es gibt eine fünfhundert Milliarden Dollar schwere Werbemaschinerie, deren alleinige Aufgabe es ist, Sie davon zu überzeugen, dass Sie im Zustand des Mangels leben und Geld nur begrenzt verfügbar ist. Sobald Geld und Ressourcen als begrenzt definiert sind, verwenden Sie Ihre ganze Energie (was Sie sagen, was Sie denken, was Sie tun) darauf, diesen Mangel zu überwinden. Und Sie fürchten sich davor, das, was Sie besitzen, wieder zu verlieren.

Riesenlüge Nummer 5: *Je mehr davon, desto besser.*
Diese Riesenlüge ist der natürliche Tanzpartner von Lüge Nummer 4 und hält uns davon ab, das zu genießen, was uns bereits gehört. Wenn unser Blick ständig auf die nächste große Sache gerichtet ist und wir glauben, immer mehr, mehr, mehr zu brauchen, um nicht zu den Verlierern gezählt zu werden, können wir uns nicht an dem freuen, was jetzt schon da ist. Übermäßiger materieller Besitz erzeugt oft Abhängigkeiten und Einsamkeit, wodurch der Reichtum menschlicher Verbundenheit und Nähe stark beeinträchtigt werden kann. Ich habe schon oft argumentiert, dass die sieben Milliarden Dollar, die Donald Trump wert zu sein behauptet, letztlich Ausdruck eines krankhaften Sammeltriebs sind – wie die alten Zeitungen, löchrigen Eimer und der ganze andere Müll, den die dysfunktionalen Leute horten, die uns in der Fernsehsendung *Hoarders* vorgeführt werden.

Riesenlüge Nummer 6: *Das Wirtschaftssystem ist in Stein gemeißelt. Wir können nichts tun, um es zu verändern.*
Selbst wenn es oft ungerecht erscheint (die Reichen werden immer reicher, und die mit dem meisten Geld haben die Macht),

spielen wir das Spiel immer weiter mit und glauben die Riesenlüge, dass »die Dinge nun einmal so sind«. Dass wir nichts dagegen tun können. Diese Annahmen, Traditionen und Gewohnheiten halten uns nicht nur in Resignation gefangen, sondern hindern uns auch daran zu erkennen, dass Wohlstand für alle möglich ist. Bereits in den 1970er-Jahren erkannte der große Zukunftsforscher und Humanist Buckminster Fuller, dass die menschliche Zivilisation einen Wendepunkt erreicht hatte. Fuller war der Ansicht, dass ein neues Paradigma möglich geworden war, ein Paradigma, in dem wir alle, jeder einzelne Mensch, genug Nahrung, Wasser, Wohnmöglichkeiten und Land bekommen können, um ein erfülltes und produktives Leben zu führen.

Riesenlüge Nummer 7: *Das Geld ist schlecht, und Menschen, die viel davon besitzen, sind wirklich schlecht.*
Erinnern Sie sich an den Bibelspruch mit dem Kamel und dem Reichen? Ich weiß nicht, ob dieses Gerücht dort seinen Ursprung hat, aber was ich weiß, ist, dass Geld an sich nicht schlecht ist. Geld ist ein Schatten von etwas sehr viel Tieferem. In ihrem Buch *Das liebe Geld* schreibt Kate Northrup, dass es viel produktiver ist, Geld als Tauschmittel zu betrachten, bei dem ein Wert gegen einen anderen getauscht wird. Oder, wie es meine neue Freundin Felicia Spahr ausdrückt: »Das Geld ist der beste Freund aller Menschen, sie wissen es nur nicht.«

Riesenlüge Nummer 8: *Arbeit ist Mist.*
Arbeit gehört zu den Dingen, die wir geradezu zwanghaft mit Unglücklichsein assoziieren. Was unsere Jobs angeht, schreit jede Nervenfaser in unserem Körper: »Hilfe! Holt mich hier raus!« Wir glauben, die Wochenenden und der Urlaub wären das, was

wir wollen, und die Arbeit wäre lediglich Mittel zum Zweck. So entgeht uns eine Menge Spaß und Freude.

Riesenlüge Nummer 9: *Man kann es nur zu etwas bringen, wenn man einen Job hat.*
Geld und Arbeit gehören zusammen wie Pfannkuchen und Sirup, wie Russland und Wodka, wie Stars und Paparazzi. Zwar gehen Geld und Jobs schon eine ganze Weile Hand in Hand, aber verheiratet sind sie deshalb keineswegs. Oder jedenfalls sollten sie es für Menschen nicht sein, die ein erfülltes Leben führen möchten. Ich gehe schon seit über zwanzig Jahren keinem geregelten Angestelltenjob mehr nach.

Riesenlüge Nummer 10: *Geld ist ein ferner, magischer Halbgott.*
Wie Sie inzwischen bemerkt haben dürften, könnte man mit den Riesenlügen zum Thema Geld den Grand Canyon füllen. Um uns also endlich den erfreulichen Dingen zuwenden zu können, werde ich noch ein paar weitere Lügen in diese hier hineinpacken: »Ich bin anders als die Leute, die Geld haben.« »Um Geld zu bekommen, muss man lügen und betrügen.« »Wenn du es zu etwas bringen willst, hast du keine Zeit, das Leben zu genießen.« »Ohne Geld hast du keinen Zugang zu den schönen Dingen des Lebens.« Lassen wir es damit gut sein.

So sieht es also in Weltbild 1.0 mit dem Geld aus. Sind Sie nun bereit für Geld 2.0?

Klarheit zum Thema Geld

> »Es gibt ein natürliches Gesetz der Fülle,
> das im gesamten Universum gilt,
> aber diese Fülle kann in das Leben eines Menschen,
> der an Mangel und Einschränkung glaubt,
> nicht hineinfließen.«
>
> *Paul Zaiter, Wohlstandslehrer*

Die Glaubenssätze und Erwartungen, die unser finanzielles Leben bestimmen, müssen dringend geändert werden. Wohlstandsbewusstsein, und nur das wird Geld in Ihr Leben strömen lassen, ist allen Menschen zugänglich. Wie die Luft ist es kostenlos, und jeder, der möchte, kann es entwickeln. Allein die Tatsache, dass Sie ein Mensch sind, garantiert Ihnen so viel Fülle-Potenzial, dass dafür ein Leben nicht ausreicht. Und wenn Sie einmal Wohlstandsbewusstsein erlangt haben, wird das Geld Ihnen auf Schritt und Tritt folgen. Sie werden mit Geld überschüttet werden.

Aber zuerst müssen Sie diese sechs Tatsachen akzeptieren, diese Paradigmen des Weltbildes 2.0:

1. Geld ist nicht real.
Es ist eine Form des Austauschs. Und alle materiellen Dinge besitzen keinen Wert, außer den beliebigen Zahlen, die wir ihnen beimessen. Diese Zahl kann sich jederzeit verändern. Ein Haus, das heute eine halbe Million Dollar wert ist, kann schon morgen für den doppelten Preis verkauft werden. Von Finanzfonds weiß man, dass ihr Wert innerhalb nur einer Woche um fünfundzwanzig Prozent steigen kann. Nichts davon ist real, es ist lediglich der Wert, den wir den Dingen verleihen.

Geld oder was wir für Geld halten – Scheine, Münzen und so weiter –, das ist lediglich ein Werkzeug, das demonstriert, über wie viel Wohlstandsbewusstsein ein Mensch verfügt. Und, laut dem Wohlstandslehrer David Cameron Gikandi, existieren nur vier Prozent des auf den Banken liegenden Geldes in physischer Form (dies ist von Land zu Land etwas unterschiedlich).

Geld ist stets der Schatten von etwas anderem. Und welche Rolle es in Ihrem Leben spielt, hängt von zwei Dingen ab: Ihrem Selbstwertgefühl und den Zutaten, die Sie in Ihren Erwartungs-Messbecher bezüglich des Geldes hineingeben.

2. Geld ist eine Energie, der Sie durch Ihre Gedanken Form verleihen.

Ich interviewte einmal eine Frau, die ihr ganzes Geld verschenkt hatte. Ich habe sogar Interviews mit mehreren Menschen geführt, die ihr gesamtes Vermögen verschenkten. Millionäre, die sich ihres Reichtums entledigen, sind ein beliebtes Thema in der Zeitschrift *People*. Die Frau in diesem speziellen Fall stammte aus reichen Verhältnissen. Ihr Großvater war ein berühmter Industrieller. Ihre Eltern besaßen Häuser auf der ganzen Welt. Aber sie fühlte sich nicht gut damit, so exzessiv reich zu sein, während andere verhungern. Also verschenkte sie ihr riesiges Erbe. Und sie fing an, Seminare zu veranstalten, in denen es darum geht, wie wir zum allgemeinen Wohl beitragen können. Ehe sie sichs versah, verdiente sie damit eine weitere Million.

Die Moral der Geschichte? Auf das Wohlstandsbewusstsein kommt es an! Wer Wohlstandsbewusstsein hat, kann all sein Geld verschenken, und es wird schnell wieder neues in sein Leben strömen.

3. Wenn wir die Welt klar sehen, ohne die Linse von Mangel und Einschränkung, strotzt sie nur so vor Fülle.
Bernard Lietaer, einstiger Vorstand der belgischen Zentralbank und führender Architekt des Euros, schreibt in seinem Buch *Of Human Wealth*, dass die Idee des Mangels lediglich eine irregeleitete kulturelle Programmierung ist. Mit anderen Worten, ein Mem, das sich über den ganzen Erdball verbreitet hat. Obwohl wir den Mangel und die durch ihn hervorgerufene Gier als eine normale, legitime Realität betrachten, existieren beide von Natur aus nicht. Noch nicht einmal in der menschlichen Natur.

Schauen Sie sich Ihren Körper an, diesen Körper, der ständig über Mangel und Knappheit jammert. Er besteht aus circa hundert Billionen Zellen. Haben Sie eine Idee, wie viel das ist?

Ihre Augen, jene Augen, die einem winzigen, vier Zoll großen Display so viel Aufmerksamkeit schenken, verfügen über hundert Millionen Rezeptoren, hundert Millionen, die Sie nutzen können, um sich den aufgehenden Mond, den Sternenhimmel mit dem Großen Wagen anzuschauen oder nach vierblättrigen Kleeblättern zu suchen.

4. Es herrscht kein Mangel an irgendetwas.
Ich erinnere mich, wie ich im Herbst einmal in einem Weinberg Trauben erntete. Die Besitzer des Weinbergs hatten – ein so cleverer Einfall wie Tom Sawyers Methode, Tante Pollys Zaun streichen zu lassen – Leute aus der Umgebung eingeladen und machten aus der Gelegenheit, bei der Traubenlese zu helfen, ein Event. Das ist inzwischen so beliebt, dass es jedes Jahr Wartelisten gibt. Tatsächlich – die Leute drängen sich danach, unentgeltlich eine Arbeit zu tun, für die die Weinbergbesitzer, bevor sie auf diese geniale Idee kamen, Wanderarbeiter bezahlen mussten!

Ich bin sehr dankbar dafür, dabei mitgemacht zu haben, denn dadurch wurde mir in lebhaften Farben vor Augen geführt, wie überreich die Welt ist. Da waren so viele Trauben, dass wir sie gar nicht alle ernten konnten. Viele waren schon heruntergefallen, ehe wir mit unseren Körben kamen.

In der natürlichen Welt ist Fülle allgegenwärtig. Schauen Sie sich einen Baum an. Er hat Tausende von einzelnen Blättern. Und wie viele Bäume gibt es auf diesem Planeten? Ich wage gar nicht erst eine Schätzung. Oder versuchen Sie einmal, die Grashalme auf einem Quadratmeter Ihres Rasens zu zählen. Mutter Natur (das heißt die natürliche Welt, bevor die Menschen ihr die Furcht aufbürdeten) sorgt für jedes einzelne Bedürfnis.

5. Für alles, was Sie *wirklich* brauchen, ist stets gesorgt.
Ob Sie Geld haben oder nicht – Sie sind immer behütet. Auch wenn wir dazu neigen, Geld mit solchen wünschenswerten Dingen wie Sicherheit, Wohlbehagen, Entspannung, Anerkennung und Freude zu verbinden, können Sie all das auch ohne ein dickes Bankkonto genießen. All das ist Teil Ihres Erbes. Wir bekommen sie völlig kostenlos. Leider erkennen wir sie unter den Halloweenmasken der Riesenlügen aus den vorigen Abschnitten kaum.

Hier sind noch ein paar Ihrer Reichtümer, oder vielmehr könnten es Ihre Reichtümer sein, wenn Sie nicht ständig Mangeldenken praktizieren würden. Mussten Sie sich heute Morgen darum kümmern, dass die Sonne aufgeht? Seien Sie dankbar dafür! Müssen Sie Ihr Herz anweisen, Blut durch Ihren Körper zu pumpen, sechsunddreißig Millionen Schläge pro Jahr? Müssen Sie Ihre Lungen antreiben, frischen Sauerstoff einzuatmen?

Wenn wir uns auf die unermessliche Größe unseres Planeten konzentrieren statt auf den Mangel, den uns die Marketingleute suggerieren wollen, auf alles, mit dem die Natur uns tagtäglich beschenkt, statt auf Fernsehspots, die Erektionsstörungen, Depressionen und Schlafprobleme in den Mittelpunkt stellen, dann können wir das gegenwärtig vorherrschende Paradigma tief greifend verändern.

6. Allein unser illusionärer Glaube an Mangel und Begrenzung hält den Reichtum aus unserem Leben fern.

Es ist sehr tröstlich zu wissen, dass alles, was ich mir je wünschen könnte, für mich verfügbar ist. Der einzige echte Unterschied zwischen mir und, sagen wir, Donald Trump, besteht darin, dass ich mich dafür entscheide, keinen Reichtum zur Schau zu stellen und keinen überflüssigen materiellen Ballast mit mir herumzuschleppen.

Nein, mein Vorbild ist Peace Pilgrim, die als junge Frau eine wichtige Entdeckung machte: »Geld verdienen ist einfach.« Und deshalb war sie in der Lage, ihren weltlichen Besitz aufzugeben und mit nichts als den Kleidern auf ihrem Leib um die ganze Welt zu wandern. Und über diese achtundzwanzig Jahre dauernde Reise sagte sie: »Das Leben ist reich, und das Leben ist gut. … Da ist das Gefühl, stets von allen guten Dingen umgeben zu sein, von Dingen wie Liebe, Frieden und Freude. Es kommt mir vor wie ein schützender Umhang.«

Das ist alles, was wir brauchen: mit fester Überzeugung zu wissen, dass die Welt grenzenlos und reich ist und auf seltsame Weise für uns sorgt.

Anekdotische Beweise

> »Ich möchte Sie wirklich sehr dazu ermutigen, diese Glaubenssätze aufzugeben. Sie sind unzutreffend und melodramatisch, und sie tun Ihnen nicht gut.«
>
> *Cheryl Strayed, amerikanische Autorin*

Wie jeder andere Mensch auf dem Planeten erhielt auch ich meine Einladungskarte, um an der Rezession des Jahres 2008 teilzunehmen. Normalerweise lehne ich solche Einladungen dankend ab.

Vor Jahren lernte ich, dass Gelegenheiten für Schmerz und Leid immer verfügbar sind und dass ich nur dann meine Ziele verwirklichen kann, wenn ich darum einen Bogen mache. Ich hätte nie siebzehn Bücher geschrieben, wäre nie Weltreisende und Reporterin für People geworden, wenn ich diese vielen »negativen Einladungen« angenommen hätte.

»Das ist unmöglich«, sagten die Bedenkenträger immer wieder zu mir. »Es ist schwer, ein Buch zu schreiben, und noch schwerer, es zu verkaufen. Du bist eine Unbekannte aus Kansas. Und du hattest keine besonders guten Noten auf der Journalistenschule.«

»Schweigt!«, sage ich zu diesen Stimmen. »Es mag ja sein, dass das eure Art ist, die Dinge zu sehen, aber ich wähle eine andere Realität, einen höheren Pfad.«

Doch nachdem mein Einkommen drei Jahre lang stetig angestiegen war und ich es mir sogar leisten konnte, ein viertes Projekt für *National Geographic* abzulehnen, schluckte ich den Köder des Egos. Inzwischen waren die Medien voll von Negativschlagzeilen. Meinen Berufsstand, Journalismus und Schriftstellerei, traf der globale Abschwung besonders hart. Die Verlage mussten sparen und zahlten geringere Vorschüsse. Viele meiner Kollegen bei der Tagespresse wurden plötzlich arbeitslos.

Normalerweise höre ich mir solchen Unsinn gar nicht erst an. Ich bevorzuge eine spirituelle Realität, die Fülle und Wohlstand bejaht, ungeachtet der Umstände. Aber 2009, nachdem ich die düsteren Nachrichten doch nach und nach in mein Bewusstsein hatte einsickern lassen, holte ich die oben erwähnte Rezessions-Einladungskarte wieder aus dem Papierkorb und beschloss, einen Blick auf die Party zu werfen. Sie war in vollem Gange. Mein Agent stand an der Bar und betete das »Alles geht bergab«-Mantra herunter. Klienten saßen auf den Ecksofas und stöhnten über die Wirtschaftslage und die Notwendigkeit, sparen zu müssen.

Ehe ich michs versah, befand ich mich mitten in der Party. Ich fing an, den »Oh, wie schrecklich!«-Blues zu singen zusammen mit dem DJ der Party. Ich erzählte allen, die es hören wollten, was ich für schwere Zeiten durchmachte. Nach kurzer Zeit hatte ich mein ganzes Umfeld davon überzeugt, dass meine Karriere als freischaffende Autorin vorüber war. Ich redete ihnen sogar ein, dass ich nach all den Jahren als Freiberuflerin alt, verbraucht und so von gestern sei wie der History Channel.

Ich schwelgte regelrecht in ihrem Mitgefühl.

Dann holte ich eines Tages mein abgenutztes Exemplar von *Denke nach und werde reich* hervor. Als ich Napoleon Hills Worte las, dass »Gedanken Dinge sind«, begriff ich plötzlich. So mächtig waren also meine Gedanken und Worte gewesen! Was hatte ich mir da angetan? Wenn ich allein durch mein Denken eine solche Misere hervorbringen konnte, dann musste es doch ebenso leicht möglich sein, das genaue Gegenteil zu erschaffen!

Wenn ich heute an diese Zeit zurückdenke, ist mir das Ganze ein bisschen peinlich. Wie konnte es zu diesem Rückfall in alte, schlechte Gewohnheiten kommen, nachdem ich für so viele Jahre erfolgreich meinen neuen Kurs verfolgt hatte? Dabei weiß ich doch wirklich genau, wie es funktioniert! Ich weiß, dass ich meine eigene Realität erschaffe. Ich weiß, wie absolut sinnlos es ist, auf Schwarzseher zu hören.

Ich verschwendete keine Zeit und setzte Hills berühmten Rat sofort in die Tat um. Innerhalb einer Woche zog ich zwei Aufträge an Land. Als Nächstes folgte der Buchvertrag für E^2. Anstatt mich einzuschränken und zu sparen, wozu meine Freunde mir rieten, beschloss ich, den Sommer im Ausland zu verbringen. Meinen wiedergefundenen Glauben ließ ich die Rechnungen bezahlen.

Es erübrigt sich zu sagen, dass ich meine Schwarzseher-Einladungskarte in Fetzen riss. Und sparen Sie es sich, mir noch eine zu schicken. Denn von nun an beantworte ich solche Einladungen mit: »Ich wünsche euch viel Spaß. Aber ich werde nicht mitmachen.«

Die Methode

> »Wenn Sie es vor Ihrem geistigen Auge sehen können, können Sie es auch in Händen halten.«
>
> Bob Proctor, Autor des Buches Erkenne den Reichtum in dir

Weil sich um das Geld so viele Ängste und antiquierte Vorstellungen ranken, präsentiere ich in diesem Kapitel zwei Unterhypothesen (wie ich schon sagte: Die Welt – und dieses Kapitel – ist reich), welche die zentrale Hypothese beweisen werden: Wenn ich meine Glaubenssätze bezüglich des Geldes ändere, wird sich meine finanzielle Situation ändern.

Für jedes dieser Experimente benötigen Sie drei Tage.

1. Experiment:

Johnny Moneyseed (oder: Wir ernten, was wir säen)

> »Man muss finanzielle Fülle nicht ›erschaffen‹.
> Sie existiert bereits.«
>
> Bob Scheinfeld, Autor des Buches
> Busting Loose From the Money Game

Die Unterhypothese: **Wenn ich Geld weggebe, werde ich Geld bekommen.**

Das ist ein ewig gültiges Prinzip. »Was du gibst, kommt vielfach vermehrt zu dir zurück.«

Während der drei Tage dieses Experiments werden Sie Geld »säen«. Sie werden auf kleine Klebezettel Ihre neu entdeckten Glaubenssätze über die Natur der Fülle und des Wohlstandes schreiben. Diese Klebezettel werden Sie an Geldscheinen (kleine Scheine, aber, wenn Ihnen das besser gefällt, auch große Scheine) befestigen. Und die so präparierten Scheine werden Sie dann an Stellen auslegen, wo andere sie finden und mitnehmen können. Und Sie werden das in einer ausgelassenen, verspielten, offenen Stimmung tun.

Meine Tochter Taz und ich haben das vor Kurzem in Chicago ausprobiert. Ich war dort, um eine Reportage über das Luxushotel Peninsula zu schreiben. Von unserer Suite aus konnten wir die Magnificent Mile sehen, die berühmte Einkaufsmeile von Chicago. Wir shoppten, sahen uns das Musical *The Book of Mormon* an und gingen ins Second City. Aber wir führten auch jene Geheimmission durch, die nun Sie ausprobieren sollen.

Wir nahmen einen Stapel Fünf-Dollar-Scheine, legten sie an Bushaltestellen aus und klebten sie mit Haftetiketten an Parkbänke. Wir steckten sie mit Büroklammern zwischen die Kleidung in den Modegeschäften auf der Magnificent Mile. Und an jeder Banknote hing ein Klebezettel mit einem anonymen Satz über die Fülle des Universums, ergänzt um die Bemerkung, dies sei ein kleines Zeichen dafür, wie sehr die Person, die den Geldschein findet, geliebt werde.

Ich weiß, fünf Dollar sind nicht viel (wir planen, demnächst Hunderter zu verteilen), aber für uns geht es darum, zu »sein«, wer wir sein wollen – zuversichtlich, freigebig und erfüllt von der Gewissheit, dass wir empfangen werden, was wir geben.

Wir haben getan, was auch Sie während dieses Experiments tun werden – Muskeln aufbauen, indem Sie praktizieren, das zu »sein«, was Sie sein wollen – verbunden mit allem, was existiert, und erfüllt von dem sicheren Wissen, dass für Sie in jeder Hinsicht gesorgt wird.

- Schreiben Sie auf, was Sie während der 48 Stunden zurückerhalten.

Was mich betrifft: Nach dem Experiment kletterte mein Buch in wenigen Wochen auf Platz eins der *New York Times*-Bestsellerliste.

2. Experiment:
Himmlischer Geldsegen

> »Armutsbewusstsein resultiert daraus, dass wir Scheuklappen tragen, die uns blind machen für die Fülle des Lebens.«
>
> *Glenda Green, Malerin und Autorin*

Die Unterhypothese: **An Geld zu kommen ist einfach.**

Dieses Experiment stammt von Greg Kuhn, einem guten Freund und Autorenkollegen, der über die gleichen Themen schreibt wie ich. Er hat eine ganze Buchreihe darüber verfasst, wie sich die Quantenphysik auf das Gesetz der Anziehung anwenden lässt. (Mehr darüber finden Sie auf seiner Webseite *www.whyquantumphysicists.com*.) Ganz besonders liebe ich das von ihm erfundene Spiel »Züchte dir einen größeren Greg«. Wenn ich es spiele, ändere ich den Titel in »Züchte dir eine größere Pam«.

Greg hat mir erlaubt, sein Experiment hier zu verwenden. Wie er sagt, programmieren Sie Ihr Bewusstsein damit auf Wohlstand und stellen eine Kohärenz zwischen dem Quantenfeld und Ihrer finanziellen Fülle her.

Es ist ziemlich einfach. Konzentrieren Sie sich während der nächsten drei Tage darauf, Centmünzen zu finden:

- auf dem Boden
- in Ihren Taschen
- in Ihrem Auto
- auf dem Bürgersteig
- überall

Versuchen Sie nicht, diese Centstücke dadurch herbeizuzaubern, dass Sie ständig denken: »Wo sind sie?«, sondern sagen Sie sich: »Wie aufregend es ist, einen Cent zu manifestieren!« Einen Cent zu finden ist doch wirklich nichts Ungewöhnliches, oder? Cents sind die Underdogs der Währungswelt. Manche Leute werfen sie weg, weil sie sie für wertlos halten.

Wenn man es so betrachtet, sind Centstücke tatsächlich so gut wie wertlos. Es sollte Ihnen also keine Schwierigkeiten bereiten, sie jeden Tag zu manifestieren, weil sie einfach nichts Besonderes sind.

Dem Quantenfeld ist es egal, ob Sie Spielchen mit ihm treiben

Und hier kommt jetzt das eigentlich Spannende an dem Experiment: Sie werden das Quantenfeld austricksen. Keine Sorge – dem Quantenfeld macht das nichts aus. Es urteilt nicht. Es reagiert einfach nur.

- Wenn Sie einen Cent gefunden haben, feiern Sie das ganz privat, wenn niemand zuschaut, als hätten Sie einen Sechser im Lotto gewonnen. Hüpfen Sie vor Begeisterung. Übertreiben Sie, machen Sie einen richtigen Spaß daraus. Schicken Sie überschwängliche Dankgebete ans Universum.

Klingt nicht besonders realistisch, einen »dummen« kleinen Cent so zu feiern, nicht wahr? Schließlich repräsentiert ein Cent ja nicht gerade den Reichtum, den Sie sich *wirklich* wünschen.

Aber nun erkläre ich Ihnen, wie Sie das Quantenfeld mit diesem Spiel austricksen können: Was Sie hier feiern, ist *nicht* der

Geldwert des Cents. Sie feiern das Prinzip, für das er steht. Sie feiern das Prinzip, dass das Universum unendliche Fülle und Manifestation ein Kinderspiel ist.

Sie feiern, dass das Universum Sie mit diesem Cent »elektrisiert« – es weckt Ihre Aufmerksamkeit und sagt: »Hallo, mein wunderbares, außergewöhnliches Kind! Ich stehe zu deinen Diensten und werde alles erschaffen, was dein Herz begehrt! Und ich kann deine Herzenswünsche so mühelos manifestieren wie diesen Cent! Ist das nicht herrlich?!«

Wenn Sie etwas feiern, möchte das Quantenfeld Ihnen mehr davon schenken

Und der Trick dabei ist, dass das Quantenfeld nicht unterscheidet, ob Sie die tatsächlich gewünschte Geldmenge feiern oder nur den symbolisch dafür stehenden Cent. Das Quantenfeld erzeugt einfach eine Kohärenz zu Ihrer Begeisterung und bringt Ihnen noch mehr, über das Sie sich freuen können.

Und so ist es absolut realistisch und vernünftig, jeden einzelnen Cent, den Sie finden, mit einem wahren Feuerwerk der Begeisterung dafür zu feiern, dass er Sie *an den Reichtum erinnert.*

Laborprotokoll

5. Experiment

Korollar: Das Geld und ich sind die besten Freunde

Die Theorie: Geld ist einfach nur Energie und spiegelt unsere Überzeugungen wider.

Die Frage: Blockiere ich meinen Wohlstand dadurch, dass ich an einem Haufen alter Ideen festhalte, die mir nicht länger dienlich sind?

Die Hypothese: Wenn ich meine Glaubenssätze bezüglich des Geldes ändere, wird die natürliche Fülle der Welt großzügig in mein Leben strömen.

Unterhypothese 1: Wenn ich Geld weggebe, werde ich Geld bekommen.

Unterhypothese 1: An Geld zu kommen ist einfach.

Zeitraum: für jedes Experiment 72 Stunden

Datum 1. Experiment: _____ *Uhrzeit:* _____
Deadline: _____
Resultate: _____

Datum 2. Experiment: _____ *Uhrzeit:* _____
Deadline: _____
Resultate: _____

Die Vorgehensweise: Ich werde meine Filmstar-Schuhe anziehen und so gut schauspielern wie die Diva, die doch eigentlich in mir steckt. Ich werde beobachten, wie das Universum darauf reagiert. Während der ersten 72 Stunden werde ich geben, was ich bekommen möchte. Und während der zweiten 72 Stunden werde ich mich in Harmonie zum Quantenfeld bringen, indem ich nach Centstücken Ausschau halte.

Forschungsnotizen: _____

_____

_____

_____

_____

_____

_____

_____

> »Mir wurde klar, dass meine Einstellung zum Geld ein gründliches Remix benötigte.«
> *Felicia Spahr, Autorin des Buches* Selling for Success

GUT GEBLOGGT, LÖWIN!

Geschenke machen, statt Geld machen

»Wenn du erkennst, dass nichts fehlt,
gehört dir die ganze Welt.«
Laotse, chinesischer Philosoph und Dichter

Man muss kein Internetfreak sein, um zu wissen, was derzeit der Toptrend in Sachen World Wide Web ist: »Wie kann ich meine Webseite zu Geld machen? Meinen Blog? Meinen Twitter-Feed?« Selbst YouTube bietet produktiven Video-Uploadern Geld an.

Da man mich ohnehin beschuldigt, »subversiv« zu sein, möchte ich über das genaue Gegenteil schreiben.

Wie können wir unser Leben ent-kapitalisieren? Wie können wir das praktizieren, was als Schenkökonomie bekannt ist, statt dem in unserer Kultur vorherrschenden Paradigma, der Jagd nach Geld und noch mehr Geld, zu folgen?

Die Schenkökonomie ist eher eine Philosophie als eine finanzielle Praxis und beruht auf der Weigerung, an Mangel und Knappheit zu glauben. Statt ständig zu versuchen, »mehr zu bekommen«, ist die Schenkökonomie etwas für Menschen, die nach Wegen suchen, umsonst zu geben. Sie ist so radikal, dass die meisten Leute sie überhaupt nicht verstehen.

Einmal schlug ich meiner Redakteurin bei *People* eine Story über die Schenkökonomie vor. Sie liebt Heldentaten, gute Nachrichten und herzerwärmende Schicksalsgeschichten. Aber obwohl ich ihr drei Beispiele für Menschen nannte, die ausschließlich in der Schenkökonomie arbeiten, verstand sie die Sache nicht. »Aber wie kann das funktionieren?«, fragte sie immer wieder.

Es funktioniert, auch wenn ich ihr diesen spirituellen Glauben niemals begreiflich machen könnte. Wenn Sie Ihre Angst und den Glauben aufgeben, dass wir in einer Welt der Konkurrenz leben, in der jeder gegen jeden kämpft, ist es geradezu unvermeidlich, dass Fülle und Wohlstand in Ihrem Leben Einzug halten. Sie sind nämlich Teil unserer wahren Natur, aber solange wir krampfhaft mit dem »Geldmachen« beschäftigt sind und Mauern der Angst errichten, blockieren wir den natürlichen Reichtum.

Das vermutlich beste Beispiel für die Schenkökonomie ist Nipun Mehta. Wie habe ich meine Redakteurin angefleht, eine Reportage über ihn schreiben zu dürfen! Im April 1999, da war Mehta fünfundzwanzig Jahre alt, gab er seinen lukrativen Job bei Sun Microsystems auf, um von nun an als »Vollzeit-Freiwilliger« zu arbeiten. Als ein Fan Gandhis, von dem das Zitat stammt: »Sei selbst die Veränderung, die du in der Welt zu sehen wünschst«, begann Mehta sein Experiment des Schenkens. Mit Geld fing er an (er spendete für wohltätige Zwecke), dann verschenkte er seine Zeit (durch ehrenamtliche Mitarbeit in einem Hospiz), und schließlich traf er die Entscheidung, zum Vollzeit-Schenkenden zu werden, also sich selbst bedingungslos der Welt zu schenken, ohne eine Gegenleistung zu erwarten. Dreizehn Jahre später ist sein Experiment ein enormer Erfolg.

Er eröffnete ein kostenloses Restaurant und brachte ein kostenloses Inspirationsmagazin heraus, und er hat Hunderte Millionen Dollar in Form von kostenlosen technologischen Dienstleistungen verschenkt. Mehta ist ein in Stanford ausgebildeter Ingenieur und hat in der Zeit des großen Dotcom-Booms riesige Summen verdient. Aber er hatte das Gefühl, dass das nicht der Weg zum Glück war. Heute arbeitet er mit einem Netzwerk von über Hunderttausend Freiwilligen, die drei Prinzipien folgen:

1. Alle arbeiten rein ehrenamtlich. Es wird *nie* Geld verlangt.
2. Niemand fragt je nach Geld. Viele Wohltätigkeitsorganisationen leisten gute Arbeit, aber sie bitten ständig um Spenden. Es werden endlose Geldsammelaktionen veranstaltet. Mehta sagt, dass das die Leute zwingt, sich auf Mangel und Bedürftigkeit zu konzentrieren. Er dagegen glaubt an die Fülle und an das Gute im Menschen. Und tatsächlich kann sich seine Initiative über mangelnde finanzielle Unterstützung nicht beklagen. Sie kommt zum Beispiel vom milliardenschweren Gründer der Firma Sony und von anonymen Spendern, die Schecks über zehntausend Dollar und mehr schicken. Aber Mehta und sein Team bitten *nie* um Spenden und erwarten auch keine.
3. Sie konzentrieren sich auf kleine Handlungen. »Wir kümmern uns um Dinge, die für uns gut erreichbar und klar vor Augen sind«, sagt er. Das zieht dann weitere Kreise und entfaltet seinen ganz eigenen Zauber. »Es gibt inzwischen so viele Geschichten, die ich Ihnen erzählen könnte.«

5. Experiment

Das Gratisrestaurant »Karma Kitchen«, das Mehta und seine ehrenamtlichen Helfer in Berkeley eröffneten (es gibt keine Preise auf der Speisekarte, und auf der Rechnung steht 0,00 Dollar) hat inzwischen Nachahmer in Washington D. C. und Chicago gefunden.

»Wir stellen dort nichts in Rechnung, und wir machen keine Werbung. Das Projekt wird durch anonyme Freunde unterstützt, die so viel Geld spenden, wie es ihnen angemessen erscheint – nicht als Bezahlung für ihre Mahlzeit, sondern als Spende, mit der das Essen eines zukünftigen Gastes, den sie nicht kennen, bezahlt wird«, sagt Mehta.

Statt finanziellem Kapital bauen Mehta und das Netzwerk seiner Freiwilligen »Sozialkapital« auf, Synergie-Kapital, das sich mit heutigen Begriffen noch nicht angemessen definieren lässt.

Zu diesen neuen Helden gehört auch Ethan Hughes. Er hat die Superhelden-Allianz (Superheroes Alliance) gegründet, eine Gruppe von siebenhundert wahren Superhelden. Er und seine Frau Sarah verschenken im Rahmen der sogenannten Möglichkeiten-Allianz (Possibility Alliance) alles, was auf ihrer Farm wächst und gedeiht. Sie haben schon Ziegen, Saatgut, Pflanzerde und Kompost verschenkt. Sie haben jeder größeren Stadt in Missouri Bäume gespendet. Noch bedeutsamer ist, dass sie alljährlich 1500 Menschen aus dem ganzen Land bewirten, die auf ihre Farm kommen, um an Kursen über Permakultur teilzunehmen. Normalerweise kosten solche Kurse 1500 Dollar und mehr, aber bei Ethan und Sarah ist der Unterricht gebührenfrei.

»Zuerst sind die Leute schockiert«, erzählt Ethan. »Nur sehr wenige Amerikaner können sich vorstellen, dass jemand ohne jeden Hintergedanken etwas kostenlos anbietet. Wir leben in einer zynischen Gesellschaft, die Menschen misstraut, wenn sie sagen: ›He, ich möchte einfach nur helfen.‹«

Die Hughes' und ihr Netzwerk aus ehrenamtlichen Freiwilligen haben beim Bau einer Bibliothek geholfen, für einen befreundeten Farmer die Heuernte durchgeführt, städtische Parkanlagen gesäubert und rund fünfzigtausend Stunden ehrenamtliche kommunale Arbeit geleistet ... und das alles, ohne eine Gegenleistung zu erwarten.

»Für mich ist es wichtig, Offenheit herzustellen, Dinge zugänglich zu machen. Genau darum geht es bei der Schenkökonomie«, sagt Ethan. »Es geht darum, die Erfahrung der Großzügigkeit mit anderen zu teilen, wodurch eine Veränderung im Gebenden und im Empfänger bewirkt wird.«

Darum sage ich: »Vergesst das Geldmachen, den finanziellen Profit!« Denkt stattdessen an wichtigere Dinge – zum Beispiel an die Geschenke, die ihr der Welt machen könnt.

6. EXPERIMENT

DAS KOROLLAR
»NATUR KONTRA MASSENMEDIEN«
oder
WARUM WIR MEHR
AN DIE FRISCHE LUFT GEHEN SOLLTEN

MEM: Es ist deine Aufgabe, zu herrschen, zu kontrollieren und dich vor der Natur zu schützen.

WELTBILD 2: *Das Feld des unendlichen Potenzials sendet rund um die Uhr.*

> »Die Erde macht Musik für die, die bereit sind zuzuhören.
> *George Santayana, amerikanischer Philosoph und Dichter*

Die Prämisse

Schnell. Sagen Sie mir, welche Mondphase gerade ist. Heute. Zunehmender Mond? Abnehmender Mond? Vollmond? Neumond?

Was? Sie haben keine Ahnung? Und doch wette ich, dass Sie genau über die neuesten politischen Kapriolen Bescheid wissen und darüber, vor welcher neuen Terrorgefahr Sie sich fürchten sollen. Vielleicht haben Sie sogar selbst auf Facebook eine Warnung vor verunreinigtem Hundefutter gepostet (und sich deswegen als edler Mensch gefühlt) oder über neue Bakterien, die jüngst in den Salatbars mancher Restaurants entdeckt wurden.

Für dieses dreitägige Experiment schlage ich Ihnen vor, dass sich alles Wichtige, was Sie wissen müssen, draußen vor Ihrem Fenster abspielt, in Ihrer Nachbarschaft und in Ihrem eigenen Herzen. Und dass das, was Sie aus den Nachrichtenmedien erfahren, keine Bedeutung für Ihr Leben hat – außer der Tatsache, dass es eine Mauer zwischen Ihnen und dem FP aufrichtet.

Mir ist bewusst, dass das für Sie eine verblüffende Erfahrung werden kann. Seit der Lehrer Ihnen in der dritten Klasse die Aufgabe erteilte, eine Meldung aus der Lokalzeitung auszuschneiden und mitzubringen, hat man Ihnen beigebracht, dass »Nachrichten« absolute Fakten sind, von zentraler Bedeutung für Ihr Wohlbefinden, und dass kluge und aufgeschlossene Menschen Nachrichtenmeldungen ernst nehmen und ihr Verhalten nach ihnen ausrichten sollen. Und außerdem ist man dann in der Lage, auf Partys anzugeben und bei Vorstellungsgesprächen bei Bedarf mit den neuesten Schlagzeilen zu punkten.

Dieses Experiment wird Ihnen beweisen, dass »Nachrichten« lediglich von Medienkonzernen verbreitete Meinungen sind, mehr oder weniger irrelevant für Ihr persönliches Wohlbefinden, und dass *wirklich* kluge und aufgeschlossene Menschen Besseres zu tun haben, als sich groß mit dem zu beschäftigen, was die Nachrichtenmoderatoren täglich von sich geben. Die Menschen, die ich bewundere und denen ich nachzueifern versuche, wissen, dass nur eine Sache wirklich wichtig ist: die unzerstörbare, pulsierende Freude des Lebens, die von jedem Baum, jedem Stern und jedem Vogel ausgestrahlt wird. Sie wissen, dass das wirkliche Leben (im Gegensatz zu dem materiellen Zeug, das von den Massenmedien auf ein Podest gestellt wird) erschaffen wird durch die Einstimmung auf die große Dauersendung des Universums, den heiligen Kanal.

Dieses Experiment wird beweisen, dass die Medien, diese namenlose Gruppe von Nachrichtenproduzenten, die uns unsere Realität diktieren, alle im Irrtum sind. Und dass es etwas unglaublich Wichtiges gibt, das Sie für sich selbst tun können: Richten Sie Ihre Aufmerksamkeit auf den kollektiven Rhythmus und die Weisheit, die aus dem großen Ganzen hervorströmt. Indem Sie sich auf die Biorhythmen der Natur einstimmen, öffnen Sie sich für einen ganz neuen Bewusstseinskanal. Sie nehmen Kontakt zu einem empfindungsfähigen Universum auf, das von einer pulsierenden Energie erfüllt ist – einer Art göttlichen Dauersendung. Ich weiß, das klingt groß und kosmisch, und Sie finden es vielleicht zu hoch gegriffen. Aber in Wahrheit ist es die natürlichste Sache der Welt. Und wenn Sie den Bogen einmal heraushaben, ist es unendlich reicher und informativer, als es die Fernsehnachrichten oder die Newsportale im Internet je sein könnten.

Wenn Sie in andächtiger Verbundenheit mit der natürlichen Welt kommunizieren (und ja: das ist die Welt vor Ihrer Haustür, Sie müssen dafür keinen Öko-Urlaub buchen), wird das Universum Sie auf wilde Abenteuerreisen in magische Welten führen!

Das pulsierende, fließende Jetzt

> »Zwar ist die Wahrheit zweifelsohne dort draußen, aber die Leute widmen ihr nicht gerade viel Aufmerksamkeit.«
>
> *Evan Williams, Mitbegründer von Twitter*

Dieses Experiment wird Ihnen beweisen, dass wirkliche Weisheit Ihnen frei zugänglich ist, sobald Sie abschalten und sich nicht länger von den Massenmedien mit Sensationen bombardieren lassen. Während wir gefälschten, erfundenen Nachrichten und dem ganzen Mist, die wir im Internet lesen, Zeit und Aufmerksamkeit widmen, entgehen uns die wirklich wichtigen Neuigkeiten, die hier bei uns passieren. Jetzt. Was bei den Dreharbeiten zu Jennifer Anistons neuem Film abgeht, ist für Ihr Leben nicht wirklich von Belang.

Wenn wir die Sterne, die Pflanzen und die Mondphasen ignorieren oder für unwichtig halten, obwohl die Zyklen des Mondes sich auf fast alles auswirken, von den Gezeiten über Winkerkrabben bis zu unseren Schlafgewohnheiten, macht uns das blind für eine wichtige energetische Kraft, die wir zu unserem Vorteil nutzen können. Wenn wir uns gegen die natürliche Welt verschließen, fügen wir damit unserem Körper großen Schaden zu. Dinge zu ignorieren, die einen tiefen Einfluss auf uns ausüben, und uns sklavisch auf Dinge zu fixieren, die keinen oder nur geringen Einfluss auf uns haben, erzeugt Stress, Depression und Angst.

Wenn wir über mehr Energie verfügen möchten, über eine größere »Bandbreite« für ein fröhliches Leben, müssen wir unsere Aufmerksamkeit auf das richten, was wirklich zählt. Und alles hinter uns lassen, was nicht wirklich wichtig ist.

Ein Geständnis

> »Madame Massenmedium. Ich glaube, von der habe ich gehört.
> Ist das nicht die, die ihre Kinder getötet hat?«
>
> *Neil Gaiman, englischer Autor*

Es wird das Beste sein, wenn ich es offen eingestehe. Ich, Pam Grout, bin Mitglied der weltweit größten Terrororganisation.

6. Experiment

Als freiberufliche Journalistin, die für *People*, CNN, *Huffington Post* und andere Medienunternehmen schreibt, bekenne ich mich schuldig, Gerüchte, Übertreibungen und Unwahrheiten gestreut, also, mit anderen Worten, Angst und Schrecken verbreitet zu haben.

Einer der ersten Grundsätze, den ich beim Journalistikstudium in den heiligen Hallen der Kansas State University lernte, lautete »Blut bringt Quoten«. Das wäre kein Problem, würden wir uns nicht so viele unserer Meinungen auf Grundlage der »Informationen« bilden, die uns die allmächtigen Massenmedien liefern. Wir kaufen ihnen die verrückten Schlagzeilen tatsächlich ab! Wir glauben all dieses Zeug.

Zu den trendigsten Geschichten der *Huffington Post* gehörte gestern ein Artikel über Krankheitserreger auf Zitronenspalten in Restaurants. Obwohl diese Erreger allgegenwärtig sind (die Wissenschaftler fanden sie auch auf Ketchupflaschen, Salz- und Pfefferstreuern, Speisekarten und Tischoberflächen), lautete die Schlagzeile, die Hunderttausende vor Angst keuchen und auf den Link klicken ließ: »Wenn Sie das gelesen haben, werden Sie nie wieder eine Zitronenspalte in Ihr Wasser legen.«

Ich meine, wie kann man nur einer solchen Schlagzeile widerstehen?

Und genau darum geht es bei den Nachrichten. Man veröffentlicht eine markante Schlagzeile oder eine dramatische Meldung, die den Zuschauern oder Lesern Angst einjagt, um ihre Aufmerksamkeit zu erregen. Dann gibt es hohe Quoten oder viele Klicks, viele Likes. Dann sehen die Zahlen gut aus, und es können mehr Anzeigen an die Werbekunden verkauft werden.

Dass wir diesen Unsinn glauben, wäre kein Problem, wenn unsere Gedanken und die aus ihnen resultierenden Glaubenssätze nicht solche Kraftpakete wären. Doch unsere Gedanken sind wahre Muskelmänner. Sie marschieren hinaus ins Feld des grenzenlosen Potenzials und holen die Situationen, Wetterkatastrophen, Krankheiten und sonstigen Probleme in unser Leben, denen wir so viel Aufmerksamkeit widmen. Angesichts der Rolle, die wir den allmächtigen Nachrichtenmedien in unserem Leben einräumen, sollten wir uns allein schon für die Tatsache beglückwünschend auf die Schulter klopfen, dass wir uns noch nicht die Pulsadern aufgeschnitten haben.

Doch hier kommt, was ich weiß: Was wir in den Massenmedien sehen, ist ein winziger Fleck einer Realität, die weit entfernt von der wahren Realität ist. Diese Medienrealität ist in ihrer Dimension und ihrem Wirklichkeitsverständnis extrem beschränkt. Ihr so viel Aufmerksamkeit zu schenken ist, als würde man unwissentlich mit einem dieser »Bitte klick mich«-Schilder auf dem Rücken herumlaufen. Hinzu kommen dann noch die Lektionen, die wir von unseren Eltern gelernt haben *(Das Geld wächst nicht auf Bäumen ... Werde endlich erwachsen, sei fleißig und strebsam ... Johnny, wage es nicht, ohne Hose aus dem Haus zu gehen ...)*, und der Terror unserer eigenen Gedanken. Kein Wunder, dass wir mächtig im Schlamassel stecken!

Doch in Wirklichkeit stimmt das gar nicht.

Die Massenmedien zeigen uns das Blut, die Krankenwagen, die weinenden Familienmitglieder. Aber bei der Arbeit als Reporterin für die Zeitschrift *People*, für die ich, ja, über Tornados, Entführungen und überflutete Städte berichte, werde ich immer wieder Zeugin unglaublich großzügiger Hilfsbereitschaft und erlebe Menschlichkeit in ihrer höchsten Form.

6. Experiment

Es ist lebendig!

»Nur die menschliche Arroganz und der Umstand,
dass das Leben der Pflanzen sich in einer viel langsameren
Zeitdimension abspielt, hält uns davon ab, die Intelligenz
und den Erfolg der Pflanzen anzuerkennen.«

Michael Pollan, amerikanischer Autor

Bei diesem Experiment werden Sie die Nachrichten ausschalten und sich stattdessen auf die Göttliche Dauersendung der Natur einstimmen, die ewig ihre Liebe proklamiert. Diese heilige Übertragung können Sie in jedem Krokus hören, der aus der Erde sprießt. In jedem Lerchengesang. In jeder kühlen Brise, die Ihre Wangen liebkost.

Während der nächsten drei Tage werden Sie Ihre Leine ins kollektive Wissen des Universums auswerfen. Sie werden mit der Natur kommunizieren, Nähe zur natürlichen Welt herstellen und erfahren. Sie werden sich Zeit nehmen, dem Planeten und all seinen Geschöpfen zu lauschen, die, obwohl wir sie ständig belästigen und ausbeuten, immer noch wissen, was Gleichgewicht und göttliche Harmonie sind.

Die, die sich Zeit nehmen, ihr zuzuhören, berichten, dass die Natur enorme Mengen an Informationen für uns bereithält. Natürlich müssen Sie bereit sein, Dogmen, Vorurteile und als gesichert geltende Erkenntnisse über Bord zu werfen und wirklich zuzuhören.

Der berühmte Botaniker Luther Burbank züchtete über achthundert neue Pflanzenarten, darunter die Garten-Margerite, den steinlösenden Pfirsich und die Russet-Kartoffel. Er glaubte, dass wir uns die einzige wirklich wertvolle Quelle für »Nachrichten«

nur zugänglich machen können, indem wir uns in einen Zustand der Harmonie mit dem Universum versetzen. Dadurch, dass Burbank sich auf die leuchtende natürliche Welt einstimmte, gelang es ihm, seine vielen neuen Pflanzensorten zu züchten, die er über einen enorm erfolgreichen Katalog vermarktete. Er glaubte, dass wir alle Botschaften aus dem Magnetismus, der Elektrizität und den anderen Schwingungskräften des Universums empfangen können.

Kürzlich berichtete Michael Pollan in *The New Yorker* über eine neue Generation von Pflanzenforschern. Diese Wissenschaftler weisen nach, dass es weit mehr Dinge zwischen Himmel und Erde gibt, als wir bisher für möglich gehalten hätten, und dass das, was wir mit bloßem Auge nicht sehen können, wichtiger ist als das Sichtbare.

Dafür werden Leute eingesperrt

»Wir waren nie dazu bestimmt,
die einzigen Akteure auf dieser Bühne zu sein.«

Daniel Quinn, Autor des Romans Ismael

Ja, bei diesem Experiment werden wir uns in Interspezies-Kommunikation versuchen. Und zwar werden Sie mit einem Baum reden. Oder einer anderen Pflanze oder etwas anderem, von dem Sie immer dachten, es wäre unfähig, Ihnen zu antworten. Lachen Sie nicht. Der Harvard-Mediziner Michael Crichton, der den Arztberuf aufgab, um Bücher und Kinodrehbücher (*Jurassic Park*) zu schreiben und Fernsehserien zu entwickeln (*Emergency Room*), verbrachte in der kalifornischen Wüste einige Wochen damit, sich mit einem Kaktus zu unterhalten. In seinen Lebenserinnerungen *Im Kreis der Welt* schrieb er über einen telefonfreien, drogenfreien Workshop mit der Ärztin Joy Brugh, in dem Crichton lernte, zu meditieren, Energie zu sehen und zu bewegen und, ja wirklich, sich Rat bei einem Kaktus zu holen.

Wie Crichton schreibt, war er skeptisch und überhaupt nicht sicher, ob er es nicht besser verschweigen sollte, dass er mit einem beuligen, phallischen Kaktus voller Dornen und Narben geredet hatte. Oder dass er in Tränen ausgebrochen war, als der Kaktus am letzten Tag des Workshops zu ihm gesagt hatte: »Es war gut, dass du hier bei mir warst.« Noch nach seiner Rückkehr nach Hause zweifelte er an seinem Geisteszustand und fragte sich, was das Erlebnis ihm persönlich gebracht hatte.

»Die Energiearbeit war real. Die Meditationen waren real. Aber was hatte man davon, wenn man es nicht im Alltag anwenden konnte?«, fragte er.

Erst einige Zeit später wurde ihm rückblickend klar, dass er in den folgenden acht Monaten nach der Rückkehr aus der Wüste sein Verhältnis zu anderen Menschen, seinen Wohnort, seine Ernährung, seine Interessen und seine Ziele geändert hatte.

»Tatsächlich«, schrieb er, »änderte ich in meinem Leben alles, was sich ändern ließ. Diese Veränderungen waren so tief greifend, dass ich sie gar nicht alle überblicken konnte, während ich mich mittendrin befand.«

Und es gab noch eine Veränderung.

»Ich habe eine große Zuneigung zu Kakteen entwickelt und habe immer ein paar von ihnen bei mir, wo immer ich gerade wohne.«

Anekdotische Beweise

> »In dir selbst findest du alles,
> was du je gebraucht und anderswo gesucht hast.«
>
> <small>Sara Avant Stover, Autorin des Buches The Way of the Happy Woman</small>

George Washington Carver – der große amerikanische Wissenschaftler und Erfinder, der Hunderte von neuen Nutzungsarten für Gemüsepflanzen erfand und dessen großes Verdienst es ist, die Landwirtschaft im Süden der USA gerettet zu haben, nachdem die Baumwollernten durch den Baumwollkapselkäfer vernichtet worden waren – wusste alles über das Göttliche Kosmische Radio. Er war nicht nur einer der ersten Amerikaner, der an die Royal Academy of Arts in London berufen wurde, sondern auch mit drei amerikanischen Präsidenten befreundet.

Obwohl er mehrere akademische Abschlüsse erworben hatte und an mehreren Colleges lehrte, gab er bereitwillig zu, dass alle seine »wissenschaftlichen« Entdeckungen, seine Brillanz, die ihn berühmt gemacht hatte, ausschließlich aus seiner Verbindung zu Gott kamen, zu dem, was ich das Feld des grenzenlosen Potenzials (FP) nenne. Täglich am frühen Morgen unternahm Carver ausgedehnte Naturspaziergänge. Er nahm Fühlung mit der Natur auf, und diese Kommunikation war es, eine Kommunikation mit den Pflanzen selbst, die es ihm ermöglichte, aus Erdnüssen, Sojabohnen und Süßkartoffeln mehr als hundert kommerziell nutzbare Produkte zu entwickeln.

Carver sagte: »Ich stelle mir die Natur gerne als einen unermesslichen Radiosender vor, durch den Gott in jeder Stunde zu uns spricht. Wir müssen uns nur darauf einstimmen. ... Bücher über die Natur zu lesen ist schön und gut, aber ein Mensch, der durch den Wald wandert und aufmerksam lauscht, kann mehr erfahren als das, was in Büchern steht.«

Carver sagte, er habe nie mühsam nach neuen Methoden oder Verfahren suchen müssen. Alles, was er wissen musste, wurde ihm leicht und mühelos offenbart. »Würde nicht Gott den Vorhang aufziehen«, sagte er, » wäre ich hilflos.«

Auch Albert Einstein, der Mann, der als berühmtestes Genie der Welt gilt, stand in Verbindung zu dieser höheren Energie.

Nennen Sie es, wie Sie wollen, aber die Natur/Gott/das FP kennt die Lösungen für alle angeblichen »Probleme« und alle »Wirtschaftskrisen«, die uns so schwierig erscheinen. Wenn wir »alles, was wir zu wissen glauben« einmal beiseitelassen und es uns zum Ziel setzen, Verbindung zu dieser grenzenlosen, allwissenden, alles liebenden Kraft aufzunehmen, werden brillante neue Ideen und Entdeckungen nur so herbeiströmen.

Werden Sie Pferdeflüsterin (oder: Baumflüsterer oder Gemüseflüsterin)

> »Alles wird dir seine Geheimnisse offenbaren, wenn du es nur genug liebst.«
> *George Washington Carver, amerikanischer Wissenschaftler*

Also gut, ich werde Ihnen jetzt etwas vorschlagen, was wohl die meisten Leute als »verrückt« bezeichnen würden.

Von Dr. Doolittle einmal abgesehen, führen die meisten westlichen Zivilisationsmenschen keine Unterhaltungen mit ihren Frettchen. Und doch hat uns die Tierwelt, die Pflanzenwelt, die

Welt, die wir dank unserer Betonung der Fünf-Sinne-Realität geringschätzen, eine Menge zu sagen.

In vielen indigenen Kulturen gilt die Fähigkeit, mit der Natur zu kommunizieren und zu reden, als völlig normal. Sie gilt nicht als besondere Gabe, sondern ist Teil des Alltags, so natürlich wie die verbale Kommunikation zwischen Menschen. Unfähig zu sein, das »Gesumme des Universums« wahrzunehmen, gilt bei indigenen Menschen als Anomalie, so als wäre jemand von Geburt an taub.

Der Psychologe Robert Wolff, der mehrere Jahrzehnte lang mit den Senoi im malaiischen Regenwald arbeitete, erinnerte sich, dass es ihm ein Rätsel war, wie sein Freund Ahmeed es schaffte, ohne Telefon, Uhr und Kalender stets den genauen Tag zu wissen, an dem Wolff aus dem Westen zurückkehrte. Zuverlässig erschien Ahmeed an der Stelle, wo Wolff abgesetzt wurde, und half ihm mit seinem Gepäck. Ganz im Gegensatz zu den Menschen in den heutigen Industriegesellschaften verfügten die Senoi über ein feines, geradezu unheimliches Gespür für die Energien und Emotionen in ihrer Umgebung. Das verlieh ihnen ein, wie Wolff es nannte, »übermenschliches« Wissen.

Fasziniert davon, dass die Senoi Angst und Sorge nicht zu kennen schienen, ging Wolff schließlich bei Ahmeed in die Lehre. Er lernte von ihm, seinen verbalen, analytischen Verstand still werden zu lassen und das zu erleben, was Wolff »die Einheit allen Lebens« nennt. Er sagte, die Senoi verfügten noch über jene tiefe Verbundenheit, die wir Übrigen durch Bücher, Audiokassetten und Seminare zurückzuerlangen versuchten. Zwar wurde der Regenwald der Senoi inzwischen von Komatsu-Planierraupen niedergewalzt, doch in seinem Buch *Das Lächeln der Senoi* schreibt Wolff, dass wir diese vertrauensvolle intuitive Verbundenheit, diese ursprüngliche Intelligenz, wiederfinden können.

Anna Breytenbach, eine Tier-Kommunikatorin, die früher in der IT-Branche tätig war und heute mit Veterinären und Umweltschützern zusammenarbeitet, sagt, dass die Fähigkeit, Informationen direkt von Bewusstsein zu Bewusstsein zu übertragen, eine natürliche Funktion unseres Gehirns ist, was für die Kommunikation zwischen Menschen ebenso gilt wie für die Kommunikation zwischen Mensch und Tier. Dabei besteht, wie sie sagt, der Trick darin, eine empathische Verbindung aufzubauen und sich für die elektromagnetischen Impulse zu öffnen, die von Gedanken und Emotionen erzeugt werden.

Wenn wir eins mit der Natur sind, gibt es keinen Kampf

> »Es braucht ein Stück Genialität – und eine Menge Mut –, sich in die entgegengesetzte Richtung zu bewegen.«
>
> *Albert Einstein, deutscher Physiker*

Am 14. Dezember 2005 veröffentlichte der *San Francisco Chronicle* eine Geschichte über einen weiblichen Buckelwal, der sich, nachdem Taucher ihn in stundenlanger mühevoller Arbeit aus einem Gewirr aus Krabbennetzen und Fangleinen befreit hatten, bei seinen menschlichen Rettern bedankte. Nachdem der Wal einige vergnügte Kreise geschwommen war, kam er zu jedem Taucher, berührte ihn sanft und schaute ihm in die Augen. Einer der Taucher sagte später, dieser tief bewegende Augenblick habe ihn für immer verändert.

Wunderschön ist auch der Bericht über eine Herde afrikanischer Elefanten, die ihrem verstorbenen Trainer die letzte Ehre erwiesen. Obwohl er sich zur Ruhe gesetzt und seit Jahren nicht mehr mit ihnen gearbeitet hatte, spürten sie irgendwie, dass er gestorben war, kamen aus mehreren Kilometern Entfernung herbei und bildeten einen Kreis um sein Haus.

Die Methode

> »Ich weiß nur, was ich in der Zeitung lese, und das ist ein Alibi für meine Ignoranz.«
>
> *Will Rogers, amerikanischer Humorist*

Während der nächsten drei Tage werden Sie die Zeit, die Sie normalerweise damit verbringen, sich die Fernsehnachrichten anzuschauen, Zeitung zu lesen oder im Internet zu surfen, auf andere Art verbringen: Sie werden in der näheren Umgebung Ihres Zuhauses spazieren gehen. Und kommen Sie gar nicht erst auf die Idee, Ihr Handy mitzunehmen! Diese Zeit ist ganz für Mama Natur reserviert.

- Beobachten Sie aufmerksam und öffnen Sie sich für den Gedanken, dass die Pflanzen und Tiere in Ihrer Nachbarschaft Ihnen etwas Wichtiges zu sagen haben. Seien Sie bereit, ihre ständigen Schwingungen zu hören, die eine Vielzahl wertvoller Informationen transportieren.

Alle sonstigen Nachrichten (zum Beispiel die neueste Hungersnot in Afrika) sollen für den Zeitraum dieses Experiments für Sie keine Rolle spielen.

Aber das ist doch herzlos, höre ich Sie sagen. Respektvolle Kommunikation mit der Natur zu pflegen ist tatsächlich aber ein Pfad mit viel mehr Herz. Real können Sie nicht viel gegen die Hungersnot in Afrika tun (außer der universalen Energie Sorge und Schuldgefühle hinzuzufügen), aber in Ihrer unmittelbaren Nachbarschaft können Sie sehr viel tun. Und wenn wir alle wieder in Harmonie mit der Universalen Energie leben, wird es ein Klacks für uns sein, diese Hungersnöte in Afrika dauerhaft zu beenden.

Nehmen Sie sich die Zeit, die Menschen in Ihrem Leben wirklich anzuschauen. Beobachten Sie sie mit tief empfundenem Staunen. Sehen Sie sie, als begegneten Sie ihnen zum ersten Mal.
Schauen Sie sich den Sonnenaufgang und den Sonnenuntergang an. Und jeden kostbaren Moment dazwischen. Lauschen Sie den Vögeln. Seien Sie offen für Botschaften von Ihren Haustieren.

Außerdem möchte ich, dass Sie dem Mond Aufmerksamkeit schenken, und wenn Ihnen dann jemand die gleiche Frage stellt wie ich am Anfang dieses Kapitels, sollten Sie sie beantworten können.

Laborprotokoll

6. Experiment

Korollar: Natur kontra Massenmedien

Die Theorie: Uns allen ist ein schwingendes, pulsierendes Feld mystischen Wissens frei zugänglich.

Die Frage: Ist es möglich, dass ich Meinungen und Glaubenssätze über das Leben hege, die keine wirkliche Bedeutung haben und völlig unnütz sind? Und dass mir, nur weil ich mich auf die falschen Dinge konzentriere, ein enormes Wissen entgeht, das mein Leben verändern könnte? Ist es möglich, dass die Natur faszinierende Botschaften für mich hat?

Die Hypothese: Je mehr ich in Verbundenheit mit den Kreisläufen und Rhythmen der Natur lebe, desto mehr Energie und Freude ziehen in mein Leben ein.

Zeitraum: 72 Stunden

Heutiges Datum: _____   *Uhrzeit:* _____

Deadline für die Antwort: _____

Die Vorgehensweise: Während der nächsten drei Tage werde ich alle Nachrichtenmedien (und damit das klar ist: auch Facebook und das Internet insgesamt) aus meinem

Bewusstsein verbannen. Stattdessen werde ich Spaziergänge durch die natürliche Welt in meiner Nachbarschaft unternehmen. Ich werde aktiv nach wichtigen Botschaften suchen und diese erwarten.

Forschungsnotizen: _____

_____

_____

_____

_____

_____

_____

_____

_____

>»Der Mensch sollte weniger Zeit mit dem Versuch verbringen,
> unter Beweis zu stellen, dass er klüger als die Natur ist,
> und mehr Zeit damit, von ihrer Süße zu kosten und
> ihre Überlegenheit zu respektieren.«
>
> *E. B. White, amerikanischer Autor*

GUT GEBLOGGT, LÖWIN!

Fakten kontra Wahrheit

»Waren denn diese Fakten nicht einfach
nur so lange Platzhalter,
bis wir endlich den großen Überblick erlangten?«
David Levithan, amerikanischer Autor

Ich bin Journalistin, habe dieses Handwerk erlernt und einen entsprechenden Abschluss erlangt. Immerhin war die erste Station meiner glorreichen Journalistenkarriere der *Kansas City Star*, wo auch für Ernest Hemingway und Walt Disney der Weg zum Ruhm begann.

Während der letzten Jahre hat sich meine Einstellung zu »den Fakten« aber geändert, denen mein Berufsstand ständig nachjagt. Ich bin mir nicht sicher, dass es weiterhin hilfreich ist, »bei den Fakten zu bleiben«. Tatsächlich erzeugen diese sogenannten Fakten einen negativen Energieimpuls, zu dessen Aufrechterhaltung ich nicht länger beitragen möchte.

Die »Fakten«, über die ich heute berichte, besagen, dass Glücklichsein unser Geburtsrecht und Liebe die einzige Realität ist und dass die »Fakten« nur deshalb manchmal anders aussehen, weil wir uns so viele Jahre auf Negatives konzentriert haben. Heute weiß ich, dass es unproduktiv ist, über Dinge, die ich nicht will, zu sprechen, Reportagen über sie zu schreiben oder ihnen überhaupt Aufmerksamkeit zu schenken. Und wenn ich mich einmal nicht froh und friedvoll fühle, liegt das daran, dass ich einer Sache Aufmerksamkeit widme, die nicht im Einklang mit meiner Quelle steht. Um die Radio-Analogie zu benutzen: Ich höre dann einen »Oldie-Sender«, wo man noch an Schmerz und Leid glaubt. Heute widme ich mich der Aufgabe, eine andere Energie zur Party mitzubringen. Eine Energie der Liebe, eine Energie, die nur das Schöne sieht, eine Energie, die in jedem Menschen die Wahrheit kennt (und die Wahrheit ist etwas anderes als »Fakten«).

Ich glaube, dass Jesus das meinte, als er sagte: »Halte die andere Wange hin.« Es ging ihm nicht darum, dass wir alle mit lädierter Wange und blauem Auge herumlaufen sollen. Er wollte damit sagen, dass wir einen anderen Weg einschlagen, also sozusagen unsere Wangen einer höheren, leuchtenderen, erfreulicheren Realität zuwenden sollen.

»Fakten« sind einfach Denkgewohnheiten, Gedanken, die wir schon so lange denken, dass sie uns normal erscheinen. Wenn wir immer wieder Aufmerksamkeit und Energie in sie investieren, verleihen wir ihnen damit Gültigkeit. Wir erschaffen mehr vom Gleichen, sammeln »Fakten«, die unseren Glauben zu bestätigen scheinen.

Die Quantenphysik hat bewiesen, dass es unmöglich ist, etwas zu beobachten, ohne es zu beeinflussen. Leider haben wir unsere Aufmerksamkeit auf Dinge gelenkt (und diese Dinge dadurch beeinflusst), die uns nicht länger dienlich sind (falls sie es überhaupt je waren). Wir haben »Fakten« als unabänderlich hingenommen, als wir noch nicht entwickelt genug waren, um zu erkennen, dass wir die Macht haben, sie zu ändern.

> Was mich betrifft, wende ich meine Wangen der Freude zu, dem inneren Frieden und der Idee, dass wir alle frei sein und ein Leben in Fülle und Wohlsein führen können.

7. EXPERIMENT

DAS KOROLLAR
»SPRICH DIE ZAUBERWORTE«
oder
WORTE SIND DER ZAUBERSTAB,
MIT DEM DU DEIN LEBEN GESTALTEST

MEM: Es ist egal, welchen Mist ich rede. Ich reagiere einfach nur auf den Mist, den ich sehe.

WELTBILD 2: *Sobald du aufhörst, schlecht über dein Leben zu reden, können Fülle und Freude zu dir kommen.*

> »Worte sind schön. Jedes ist wie ein magisches Pulver, und wenn man es mit anderen Worten kombiniert, kann man mächtige Zauberformeln hervorbringen.«
>
> *Dean Koontz, amerikanischer Autor*

Die Prämisse

Als ich das letzte Mal nachschaute, gab es in den Gelben Seiten keinen Eintrag für »Propheten«, wie es vielleicht in biblischen Zeiten der Fall gewesen wäre. Aber wenn Sie einen Blick in Ihre Zukunft werfen möchten, hören Sie sich einfach selbst zu und achten Sie darauf, welche Worte Sie benutzen, um sich selbst und Ihr Leben zu beschreiben. Wenn Sie Dinge sagen wie: »Das wird ein herrlicher Tag«, oder: »Die Dinge entwickeln sich für mich immer gut«, prophezeien Sie sich damit eine positive Zukunft. Doch leider werfen die meisten von uns mit ihren Worten so unbekümmert um sich wie mit Konfetti auf einer Party, statt die Magie ihrer Worte gezielt zu nutzen:

- »Die Grippesaison hat begonnen. Bestimmt erwischt es mich auch.«
- »Ich habe schon jede Diät ausprobiert, aber ich nehme einfach nicht ab.«
- »Ich bin so ein Idiot! Was habe ich mir nur dabei gedacht?«

Die meisten von uns haben bislang nur wenig Kontrolle über die Gedanken, die uns wie ein Nachrichtenticker durch den Kopf rattern, aber wir können zumindest die Kommentare beobachten, die uns über die Lippen kommen.

Will Bowen, ein ehemaliger Unity-Geistlicher, verteilte lila Armbänder an seine Gemeinde als Erinnerungshilfe für das Experiment, einundzwanzig Tage lang nicht zu jammern und zu klagen. Er sagte, dass er völlig geschockt war, wie oft er selbst Negatives äußerte. Während der ersten Woche des Experiments, das darin bestand, auf Klagen, Tratschen und Kritisieren völlig zu verzichten, betrug seine persönliche Bestleistung sechs Stunden. Und dabei ist er ein im positiven Denken geschulter Geistlicher!

Bowen brauchte mehrere Monate, bis es ihm endlich gelang, die einundzwanzig Tage durchzuhalten. Seine Geschichte ging um die Welt. *People* berichtete über ihn (dank meiner Wenigkeit), und er war bei *Oprah* und in der *Today Show* zu Gast.

Hunderttausende beteiligten sich über Bowens Webseite *www.acomplaintfreeworld.org* an der 21-Tage-Challenge und berichteten, dass die Neuformatierung ihrer geistigen Festplatte sie von chronischen Schmerzen befreite, Beziehungen heilte, ihrer Karriere Auftrieb gab und sie insgesamt zu glücklicheren Menschen machte.

Aber wie Bowen selbst waren die meisten überrascht, wie automatisch und gewohnheitsmäßig ihre Gespräche abliefen. Jemand fragt uns, wie es uns geht, und ohne nachzudenken antworten wir: »Gut. Und Ihnen?« Jemand erzählt uns, dass seine Großtante Ethel an Bauchspeicheldrüsenkrebs erkrankt ist, und wir sagen: »Oh, wie furchtbar! Das tut mir leid.«

Und während wir unsere angelernten Antworten plappern, durchsucht unser Gehirn alles, was wir über Bauchspeicheldrüsenkrebs oder Krebs im Allgemeinen abgespeichert haben, oder über unsere mit dieser Großtante überhaupt nicht in Zusammenhang stehende Freundin, die Brustkrebs hat. Wie gesagt, das läuft alles automatisch und gewohnheitsmäßig ab.

Worte führen uns zum Sieg oder zur Niederlage

> »Wir können unsere Welt ändern,
> indem wir unsere Worte ändern.«
>
> *Joel Osteen, Pastor der Lakewood Church in Houston*

Als meine Schwester in die Grundschule ging, glaubte sie, jedem Menschen sei nur ein bestimmter Vorrat an Wörtern zugeteilt. Deshalb überlegte sie immer sehr gut, was sie sagte, denn sie dachte, wenn sie ihren Vorrat aufgebraucht hätte, müsste sie sterben oder würde stumm werden, und beides erschien ihr wenig wünschenswert. Zum Glück weiß sie inzwischen, dass Wörter so zahllos sind wie die Werbespots im Fernsehen, aber diese Sorgfalt im Umgang mit Worten ist ein Prinzip, von dem wir alle profitieren können.

An jedem Morgen haben wir die Chance, unseren Tag zu segnen oder ihn zu verfluchen. Wir können Worte benutzen, um eine Situation zu beschreiben oder sie zu verändern. Zum Beispiel können Sie Ihren besten Freundinnen vorjammern, dass Ihr Mann Ihnen nie Komplimente macht, oder Sie können ihnen erzählen, wie wunderbar und romantisch es war, als Sie beide sich ineinander verliebten. Beides sind wahre Geschichten. Aber die Energie ist vollkommen anders.

Endlos die Geschichte wiederzukäuen, wie er Ihren Geburtstag vergaß oder was für ein Ignorant Ihr Chef ist, wäre so, als würden Sie sich wieder und wieder *Spider-Man 3* anschauen. Schon beim ersten Mal war der Film nicht besonders gut und dadurch, dass Sie ihn sich öfter anschauen, wird er nicht besser.

Wir sind doch klug genug, Filme, die uns schon im Kino nicht gefallen haben, nicht auf DVD zu kaufen und nicht im Fernsehen anzuschauen. Warum beharren wir also darauf, ständig Wiederholungen der unerfreulichen Ereignisse unseres Lebens abzuspielen? Welchen Sinn hat es, etwas zu wiederholen, das keine Freude macht? Indem wir dauernd über negative Erlebnisse reden, führen wir ihnen Energie zu. So strahlen wir eine Schwingung aus, die weitere Ereignisse mit ähnlicher Frequenz in unser Leben ziehen wird. Dabei könnten wir unsere Worte doch ebenso gut dazu nutzen, uns selbst und andere zu inspirieren und zu ermutigen.

Lassen Sie Ihre Worte für sich arbeiten

So, wie Sie Richtung Westen fahren müssen, wenn Sie nach Kalifornien wollen, ist es wichtig, dass Sie Ihre Worte in die Richtung schicken, die Sie sich für Ihr Leben wünschen.

Lassen Sie Ihre Worte für sich arbeiten

»Manche Leute sagen jeden Tag: ›Ich habe kein Geld.‹ Und sie wundern sich, warum sie nicht genug Geld haben. Andere sagen: ›Ich verdiene keinen Erfolg. Ich bin nicht gut genug‹, und fragen sich, warum sie mutlos sind, keine glückliche Partnerschaft führen, beruflich nicht weiterkommen und insgesamt nicht das Leben haben, das sie sich wünschen. Die Leute ›reden‹ sich in Manifestationen hinein, die sie eigentlich gar nicht wollen.«

Dr. Terry Cole-Whittaker, amerikanische Geistliche und Buchautorin

Das Universum möchte, dass es Ihnen gutgeht und dass Sie gesund sind. Es möchte Sie mit allem versorgen, was Sie brauchen, aber wenn Sie ständig über »Stress im Beruf« oder »die schlechte Wirtschaftslage« jammern, hat es keine andere Wahl, als Ihnen auf der Frequenz zu antworten, die Sie aussenden.

So, wie Sie immer nur das Fernsehprogramm anschauen können, dessen Frequenz Sie gerade eingeschaltet haben, werden Sie es nie zu Wohlstand bringen, wenn Sie darüber jammern, wie übel Ihnen das Leben mitspielt. Ein glückliches, erfülltes Leben kann für Sie nicht Wirklichkeit werden, wenn Sie ständig die alte Leier von Mangel und Armut wiederholen. Besser wird Ihre Lage erst werden, wenn Sie aufhören, sich darüber zu beklagen, wie schlecht sie ist.

Das Universum ist wie die Bedienung bei McDonald's. Es kann Ihnen keinen Big Mac geben, wenn Sie immer wieder einen McMuffin Egg bestellen.

Hier sind ein paar Gerichte von der Speisekarte des Lebens:

- »Mehr ist für mich nicht drin.«
- »Ich werde mich niemals von dieser Sucht befreien können.«
- »Ich bin nicht sehr talentiert.«
- »Ich bin nicht qualifiziert genug.«
- »Es wäre Zeitverschwendung, dieses Mädchen zu fragen, ob es mit mir ausgehen möchte.«
- »Ich bin gesegnet.«
- »Das Universum sorgt für alle meine Bedürfnisse.
- »Ich lebe in göttlicher Gesundheit.«
- »Von diesem köstlichen Gericht kann ich noch viel mehr bekommen.«
- »Das Universum öffnet mir immer neue Türen.«

Wenn wir unsere Worte in die richtige Richtung aussenden, lösen Hindernisse sich in Luft auf, die Dinge wenden sich zum Guten, und unser Leben fängt an zu funktionieren.

Sprechen Sie aus, was Sie wirklich wollen

»Wenn man Worte richtig gebraucht, können sie wie
Röntgenstrahlen sein – sie durchdringen alles.«

Aldous Huxley, Autor des Romans Schöne neue Welt

Ich habe eine Freundin, deren Namen ich für mich behalte. Sie wirft mir regelmäßig vor, ich würde Luftschlösser bauen. Sie denkt, dass man den Tatsachen nicht ins Auge sieht, wenn man nur über das Gute und Schöne redet.

Doch ich sehe das so: »Fakten« interessieren mich nicht besonders. Ich ziehe es vor, über Möglichkeiten zu sprechen. Sicher wird in all diesen Studien, Regierungsverlautbarungen und medizinischen Prognosen das verkündet, was meine Freundin unumstößliche »Fakten« nennt. Doch für mich sind solche Fakten lediglich Katapulte, um sich zu etwas Besserem aufzuschwingen.

Ich glaube, dass unsere wichtigste Fähigkeit die Fantasie ist und dass wir etwas viel Besseres als die »momentanen Fakten« erschaffen können, indem wir uns auf das Feld des unendlichen Potenzials einstimmen. Wenn wir ständig die alte Leier der »unumstößlichen Tatsachen« herunterbeten, beschwören wir damit nur noch mehr dieser »Tatsachen« herauf. Wenn wir unsere Zeit mit dem »äußeren Anschein« vergeuden, leugnen wir unsere Macht, etwas Besseres erschaffen zu können. Ich leugne lieber »Fakten« als meine Fähigkeit, mir etwas Besseres als diese vorzustellen. Meine Worte sind die Samenkörner, aus denen neue Möglichkeiten hervorsprießen.

Wir können damit fortfahren, uns darauf zu konzentrieren, »was ist« oder »was zu sein scheint«, oder wir können uns auf das konzentrieren, was wir uns an Besserem vorzustellen vermögen. »Was ist« ist einfach das, worauf wir uns bisher konzentriert haben. »Was sein könnte« ist viel interessanter. Wenigstens für mich.

Diese »Fakten«, die zu leugnen meine Freundin mir vorwirft, sind einfach unsere Ernte: Wir ernten, was wir mit den vielen von uns in der Vergangenheit geäußerten Mangelworten und Problemworten gesät haben.

Wenn uns das Pferd wieder mal abwirft

> »Manche Leute sind wirklich wortgewandt, andere ... nun ja, üben noch.«
> *Steve Martin, amerikanischer Komiker*

Als ich fünfzig wurde, reckte ich die Hände zum Himmel und dachte, mein Leben wäre vorbei. Meine vielen Jahre als große, attraktive Blondine neigten sich dem Ende zu. Oder zumindest erzählte ich das allen.

Da ich einer Freundin, die älter ist als ich, dabei geholfen hatte, die Wechseljahre zu überstehen, wusste ich, was auf mich zukam. Meine Haut würde faltig und schrumpelig werden, meine Eierstöcke würden zusammenschrumpfen, und meine Emotionen würden mit mir Achterbahn fahren. So wie einst Paul Revere ritt ich mein Pferd durch die Nacht, nur dass ich nicht vor den Briten warnte, sondern rief: »Die Menopause kommt! Die Menopause kommt!«

Als ich eines Tages ein weiteres Buch durcharbeitete auf der Suche nach Ratschlägen, wie man mit dieser schrecklichen Krankheit fertigwerden könnte, begriff ich endlich. Mit meinen Worten und Erwartungen prophezeite ich die Zukunft. Indem ich ständig nach Zeichen drohenden Unheils Ausschau hielt und rief: »Bin ich das? Oder ist es so heiß hier drin?«, sorgte ich nur dafür, dass dieser Übergang in eine neue Lebensphase sich für mich schwierig gestalten würde.

Ich klappte das Buch zu, rief meine Freundin an und sagte: »Danke, dass du mir dein Buch über Wechseljahrbeschwerden geliehen hast, aber ich komme jetzt gleich zu dir und bringe es zurück.«

Von diesem Moment an (zugegeben, ein paarmal kam es noch vor, dass das Pferd mich abwarf) verkündete ich und verkünde es auch weiterhin jedem, der mir zuhört:

- »Mädchen, du siehst heute richtig gut aus!«
- »Meine besten Tage liegen noch vor mir.«
- »Jeden Tag werde ich stärker und sehe jünger aus.«
- »Gesundheit durchströmt mich wie der Fluss Jordan.«

Joel Osteen erzählt die Geschichte eines Schulkameraden von der Highschool. Dieser Junge war der Star der Footballmannschaft. Er hatte dichtes, lockiges Haar und war ein richtiger Frauenschwarm. Jedes Mal, wenn Joel ihn fragte, was er vom Leben erwarte, antwortete er: »Oh, nicht viel. Nur dass ich alt, fett und kahl werde.«

»Ich hörte ihn das bestimmt fünfhundert Mal sagen«, erzählt Joel. »Gestern habe ich ihn getroffen. Ich hatte ihn fünfzehn oder zwanzig Jahre nicht gesehen. Und wissen Sie was? Er hat seine Zukunft perfekt vorhergesagt. Er ist alt, fett und kahl geworden.«

Wenn wir ständig verkünden, dass wir erschöpft und fertig sind, dass wir keine Energie haben, dann werden wir genau diese Realität erschaffen.

Doch ist es, statt sich zu beklagen, nicht viel weiser, wenn wir bekräftigen: »Ich bin stark. Ich bin voller Energie. Meine Vitalität erneuert sich ständig.«? Je mehr wir davon reden, müde zu sein, desto müder werden wir. Je mehr wir darauf beharren, allen zu erzählen, wie deprimiert wir sind, desto deprimierter werden wir. Je mehr wir davon reden, übergewichtig und aus dem Leim gegangen zu sein, desto ... nun, ich mag es gar nicht laut aussprechen!

Sprechen Sie nicht darüber, wie Sie gegenwärtig sind. Sprechen Sie darüber, wie Sie gerne sein möchten.

Louise Hay, meine Mentorin, meine Verlegerin und die wohl eindrucksvollste Siebenundachtzigjährige auf dem Planeten, geht so weit, dass sie ihren Sieg laut vor dem Spiegel verkündet. Louise nennt das Spiegelarbeit. Und falls Sie davon noch nicht gehört haben: Statt den Spiegel zu fragen, wer die Schönste im ganzen Land ist, schauen Sie sich selbst tief in die Augen und sagen zu Ihrem Spiegelbild, dass Sie schön, großartig, wertvoll, talentiert und kreativ sind.

Meine Freundin Rhonda erzählte mir, dass sie einen der Vorträge von Louise Hay und Cheryl Richardson besuchte. Louise, die, wie sie sagt, selbst täglich Spiegelarbeit macht, zog während des Vortrags einmal einen kleinen Spiegel hervor, schaute hinein und sagte: »He, meine Schöne! Wie geht es dir?«

Also, diese Frau lebt wirklich, was sie anderen rät!

7. Experiment

Anekdotische Beweise

> »Das Spiel des Lebens ist ein Bumerang-Spiel.
> Unsere Gedanken, Taten und Worte kehren
> früher oder später zu uns zurück,
> und zwar mit verblüffender Treffsicherheit.«
>
> *Florence Scovel Shinn, Autorin des Buches*
> Das Lebensspiel und seine Regeln

Wenn Sie den Film *Inspektor Clouseau, der beste Mann bei Interpol* kennen, erinnern Sie sich vielleicht an den Satz, den Chefinspektor Dreyfus sagen musste. Nachdem Clouseaus Inkompetenz Dreyfus an den Rand des Nervenzusammenbruchs getrieben hat, sucht er psychiatrischen Rat, und es wird ihm verordnet, den folgenden Satz möglichst oft zu wiederholen:

»Es gehr mir jeden Tag in jeder Hinsicht besser und besser.«

Diese mantra-artige Autosuggestion, die bei Dreyfus allerdings nicht funktioniert, wurde durch Émile Coué (1857–1926) populär, einem französischen Psychologen und Apotheker, der erfolgreich nutzte, was heute als Placeboeffekt bekannt ist. Coué hatte beobachtet, dass es Kunden besser ging, wenn er ihnen von der Wirksamkeit einer Arznei vorschwärmte. Sagte er dagegen nichts zu einem Medikament, war die Wirkung weit geringer.

Daraus schloss er, dass der Glaube an die Wirksamkeit einer Arznei mehr bewirkt als die Arznei selbst. Ein Biograf Coués behauptete, seine Erfolgsquote hätte bei 93 Prozent gelegen, wobei Coué fast alles kurierte, von Nierenleiden über Gedächtnisverlust, Diabetes, Migräne bis zu Gebärmuttervorfällen. Die anderen sieben Prozent waren vermutlich zu skeptisch, um sich von dem Satz heilen zu lassen, den Inspektor Dreyfus benutzte (und über den sich in der Popkultur gerne lustig gemacht wird, so spricht in der ersten Folge der dritten Staffel von *Boardwalk Empire* Nelson van Alden den Satz vor einem Spiegel).

Coué selbst sagte gerne: »Ich habe in meinem ganzen Leben nie jemanden geheilt. Ich zeige den Leuten nur, wie sie sich selbst heilen können.« Er sagte, dass für die Heilung eine Veränderung im unterbewussten Denken erforderlich sei, die sich dadurch herbeiführen lasse, dass Worte ständig wiederholt werden, bis das Unterbewusstsein sie absorbiert hat. Er wusste damals schon, dass jeder Gedanke, mit dem der menschliche Geist sich konzentriert beschäftigt, Wirklichkeit wird.

Weitere anekdotische Beweise

> »Rufe das, was nicht ist, ins Dasein.«
> *Römer 4,17*

1999 hatte José Lima, der außergewöhnliche Pitcher aus der Dominikanischen Republik, eine großartige Saison bei den Houston Astros. Er konnte 21 Wins verbuchen und warf im All-Star-Game. Doch im Jahr 2000, als die Astros ihr neues Stadion einweihten, ging er aufs Spielfeld, warf einen Blick auf den Zaun im linken Feld, der sich deutlich näher an der Home Plate befand als der Zaun im Astrodome, dem alten Stadion, und sagte: »Hier werde ich nicht gut werfen können.« Das erwies sich als eine sich selbst erfüllende Prophezeiung. Trotz der Begeisterung der Fans für das neue Stadion sank Limas Bilanz von 21 Wins auf 16 Losses. Nie zuvor in der Geschichte der Astros hatte ein Pitcher einen solchen Leistungsabfall gezeigt.

7. Experiment

Diese Geschichte erzählte Joel Osteen, der Pastor der Lakewood-Kirche in Houston. Als Osteen nach dem Tod seines Vaters das geistliche Amt an der Lakewood Church übernahm, war er ängstlich und nervös. Er dachte: »Ich kann nicht vor Publikum sprechen.«

Aber er wusste, dass es ein Fehler gewesen wäre, diese Angst laut auszusprechen. Stattdessen bejahte und bekräftigte er immer wieder, dass er das riesige Publikum der landesweit im Fernsehen übertragenen Predigten fesseln und bewegen würde. Über seine heute äußerst populäre Sonntagmorgensendung sagte er: »Wenn die Leute mich einschalten, werden sie gar nicht anders können, als sich die ganze Sendung anzusehen.«

Kürzlich schrieb ihm ein Zuschauer: »Wissen Sie, Joel, eigentlich kann ich Fernsehprediger nicht ausstehen. Aber meine Frau lag mir immer wieder in den Ohren, dass ich mir unbedingt Ihre Sendung anschauen sollte. Ich sagte dann immer: ›Ja, ja, irgendwann mach ich das.‹ Aber meistens sehe ich mir Sportübertragungen an. Doch eines Sonntags zappte ich versehentlich in Ihre Sendung, und plötzlich blockierte die Taste der Fernbedienung. Ich versuchte vergeblich weiterzuschalten, weil ich mir eigentlich ein Golfturnier ansehen wollte. Aber aus irgendeinem Grund streikte die Fernbedienung. Ich stand sogar auf und wechselte die Batterien, aber sie funktionierte immer noch nicht. Also gab ich auf und hörte mir Ihre Predigt an. Und meine Frau hatte recht. Mir gefällt Ihre Sendung. Und als sie zu Ende war, funktionierte die Fernbedienung plötzlich wieder, als wäre nichts gewesen. Ist das nicht verrückt?«

Die Methode

> »Wenn es funktionieren würde, sich ständig
> selbst fertigzumachen, wären wir alle schlank,
> reich und glücklich, oder nicht?«
>
> *Cheryl Richardson, amerikanische Autorin*

Wenn eines Ihrer Kinder lautes Geschrei veranstaltet, haben Sie vermutlich auch schon gesagt: »Liebling, sag doch einfach, was du möchtest, statt so herumzubrüllen.«

Und genau das werden wir bei diesem Experiment tun.

Wir werden sagen, was wir möchten. Mit der Kraft unserer Worte werden wir Gutes herbeirufen und dabei fest auf das unsichtbare Feld der Möglichkeiten vertrauen.

Hier sind die fünf Schritte:

1. Machen Sie sich klar, dass das, was Sie gegenwärtig in Ihrem Leben wahrnehmen, nur vorübergehender Natur ist, es sei denn, Sie fahren damit fort, es Tag für Tag mit Ihren Worten zu zementieren.

2. Für die Dauer dieses Experiments, also während der nächsten drei Tage, werden Sie sich nicht beklagen, nicht jammern und schimpfen. Bob Marley sagte: »Sich beklagen ist eine Einladung für den Teufel.«

3. Sagen Sie laut: »Danke für diesen fabelhaften Tag.«
Ich liebe ——————— und ich liebe ——————— .
Hier können Sie so ziemlich alles eintragen, denn Liebe emittiert eine bestimmte Frequenz, die selbst die dunkelsten Situationen zum Positiven wenden kann.

4. Zum Abschluss wählen Sie einen Satz aus, den Sie seit Jahren wiederholen. »Mein Rücken tut weh.« »Dates gehen bei mir immer schief.« Wählen Sie etwas, das Ihren Freunden bei Ihnen wohlvertraut ist, ein Standardsatz aus Ihrem üblichen Repertoire. Verkehren Sie diesen Satz ins Gegenteil. Erzählen Sie während der nächsten drei Tage eine völlig andere Geschichte. Kosten Sie das wirklich aus. Liefern Sie eine schauspielerische Glanzleistung, als wären Sie Meryl Streep.

5. Halten Sie während der nächsten 72 Stunden nach Beweisen für diese gegenteilige Realität Ausschau.

Laborprotokoll

7. Experiment

Korollar: Sprich die Zauberworte!

Die Theorie: Die Worte, die aus mir hervorsprudeln, besitzen eine bestimmte Stromstärke und Energie, und indem ich nur Worte und Sätze verwende, die segensreich und inspirierend sind, werde ich mich selbst und andere stärken und ermutigen.

Die Frage: Ist es möglich, mein Leben positiv zu beeinflussen, indem ich den Inhalt meiner Gespräche ändere?

Die Hypothese: Wenn ich meine Worte bewusst wähle, werde ich andere Erfahrungen in mein Leben ziehen.

Zeitraum: 72 Stunden

Heutiges Datum: _____ *Uhrzeit:* _____

Deadline für die Antwort: _____

Die Vorgehensweise: Während der nächsten 72 Stunden werde ich nur dann sprechen, wenn ich mir überlegt habe, was ich sagen will, und meine Worte dem Qualitätsstandard entsprechen, den ich mir für dieses Experiment gesetzt habe. Wenn es mir während dieser drei Tage gelingt, vollständig auf Beschwerden, bissige Kommentare oder unfreundliche Worte gegenüber mir selbst oder anderen zu verzichten, werde ich spüren, wie mein Energielevel ansteigt und ich eine angenehme Schwingung ausstrahle.

Forschungsnotizen: _____

_____

_____

_____

_____

_____

_____

_____

_____

_____

»Lasst uns den Anlass
mit Wein und lieblichen Worten feiern.«

Plautus, römischer Komödiendichter

GUT GEBLOGGT, LÖWIN!

Was ich durch den Film *Hangover* 3 über Quantenphysik lernte

»Alle erfolgreichen Menschen müssen einen Hang zum Illusionären haben ... man muss in der Lage sein, sich selbst einzureden, dass etwas Außergewöhnliches geschehen kann.«

Will Smith, amerikanischer Schauspieler

Okay, jetzt muss ich zugeben, dass ich *Hangover 3* gar nicht gesehen habe und auch nicht Teil zwei dieser Trilogie.

Aber es gibt etwas, das dieser Kinoflopp veranschaulicht: unsere Neigung, uns selbst andauernd zu wiederholen, Tag für Tag. Wir stecken in Endlosschleifen fest und orientieren uns an dem, was wir gestern gesehen haben. Doch heute ist ein brandneuer Tag mit unzähligen neuen Möglichkeiten.

Sie können in einem Preisausschreiben gewinnen, neue Freundschaften schließen oder Ihren Partner fürs Leben treffen. Sie können einen genialen Einfall haben – die Idee für einen Buchbestseller, einen Welthit oder eine Wohltätigkeitsinitiative, die das Leben von Millionen Menschen verändert.

Die Sache ist: Sie können es nicht wissen. Aber weil wir jeden Morgen aufstehen und immer die gleichen Dinge erwarten, erleben wir Wiederholungen oder bestenfalls langweilige Fortsetzungen des Vortages (*Hangover,* Teil xy). Ja, vielleicht gibt es kleine Variationen. Vielleicht bekommen

7. Experiment

Sie ein Strafmandat wegen zu schnellen Fahrens oder essen Pizza Peperoni statt Pasta, aber geben Sie es ruhig zu: Im Wesentlichen erwarten Sie, dass Ihre Welt wie ein Klon des Vortages aussehen wird.

Aber was wäre, wenn Sie in einer Welt aufwachen, in der alles für Sie neu und unvertraut ist? Wären Sie bereit, diese Möglichkeit zuzulassen? Die Möglichkeit, dass der verschwenderische Reichtum der Welt frei in Ihr Leben strömt? Die Möglichkeit, dass sich der Weltfrieden verwirklicht? Und dass alle Kinder mit vollem Bauch schlafen gehen in dem Wissen, zutiefst geliebt und wertgeschätzt zu werden?

Wenn ich etwas weiß, dann das: Wir bekommen vom Leben genau das, was wir suchen ... bis hin zur präzisen Form, Größe und Farbe.

Ein zentrales Rätsel der Quantenphysik besteht darin, dass ein Beobachter immer das sieht, was er zu sehen erwartet. Letztlich besteht die physikalische Realität aus stark geladenen Photonen. Auch wir, Sie und ich, sind Muster aus Licht und Information. Und diese Muster wiederholen wir ständig.

Je offener wir also für brandneue, völlig andere Möglichkeiten sind, desto besser wird unsere Welt werden. Jedenfalls ist das meine feste Überzeugung.

Ja, der erste *Hangover*-Film war ziemlich lustig. Aber ich würde Bradley Cooper, Zach Galifianakis und all die anderen Darsteller in Zukunft lieber in völlig neuen Filmen mitspielen sehen.

8. EXPERIMENT

DAS PLACEBO-KOROLLAR
oder
WAS ES MIT DER BEUGUNG DER REALITÄT WIRKLICH AUF SICH HAT

MEM: Ach, ich bin ein armes, isoliertes Wesen, Opfer einer lieblosen Welt!

WELTBILD 2: *Die Realität ist fließend, ändert sich ständig und spiegelt uns unsere tiefsten Glaubenssätze wider.*

> »Was real ist, können wir nie wahrnehmen.
> Wir können nur wahrnehmen, was für uns real ist.«
>
> *Barbara Dewey, Autorin des Buches* As You Believe

Die Prämisse

Dieses Experiment wird beweisen, dass Ihre Glaubenssätze mächtig und bedeutsam sind. Tatsächlich sind sie die grundlegende Energie des Lebens.

Ihre Glaubenssätze reproduzieren sich in der physikalischen Realität. Deshalb werden Gedanken zu Dingen. Deshalb nimmt das zu, worauf wir uns konzentrieren. Die äußere Welt ist das Display, auf dem unsere innersten Glaubenssätze sichtbar werden. Alles, was Sie sehen, wird von Ihren Glaubenssätzen zum Leben erweckt, am Leben erhalten und motiviert. Wenn Sie das

Leben für Ihre Misserfolge verantwortlich machen, ist das, als würden Sie Ihrem Smartphone die Schuld an lausigen Apps geben. Dabei haben Sie diese Apps doch selbst ausgewählt und heruntergeladen! Das Leben dient einfach als Projektionsfläche für Ihre Glaubenssätze.

Nur wenige von uns verstehen wirklich, welches Potenzial in unseren Gedanken und unserem Bewusstsein steckt. Jeder Gedanke ist ein Samenkorn, eine mentale Energieeinheit, die in der Welt eine ebenso machtvolle Wirkung entfaltet wie die Schwerkraft oder das Prinzip der Aerodynamik. Gedanken, die mit einer genügend starken Absicht, Emotion und Glaubensüberzeugung aufgeladen sind, werden (ob wahr oder unwahr) Wurzeln schlagen und Materialisierungen stimulieren.

Lesen Sie den letzten Satz noch einmal. *Glaubenssätze (ob wahr oder unwahr) stimulieren Materialisierungen.* Wenn Sie also glauben, das Leben wäre ein endloser Kampf, unser Körper sei dem Verfall preisgegeben und die meisten Männer wären Mistkerle, dann ist das das Skript, das Sie in Ihrem Leben manifestieren werden.

Das Leben an sich ist niemals schmerzvoll. Es ist nur ein Spiegel unserer Glaubenssätze. Wenn Sie vor dem Spiegel sehen, dass Ihr Mascara verschmiert ist, kämen Sie niemals auf die Idee, das *an Ihrem Spiegelbild* in Ordnung bringen zu wollen. Und genauso können Sie auch Ihre Probleme nicht »dort draußen« in Ordnung bringen. Vielmehr bringen Sie Ihre Probleme in Ordnung, indem Sie sich klarmachen, dass Sie sich mit den falschen Inhalten identifiziert haben. Und dann müssen Sie den inneren Glaubenssatz, die innere Ursache, verändern.

Wenn wir in der Klemme sitzen, liegt das daran, dass wir sehr viel Energie in einen bestimmten Glaubenssatz gepumpt haben

(»Aber ich habe nun einmal kein Geld.« »Es stimmt doch, dass in meiner Familie Krebserkrankungen häufig sind.«) und nicht länger erkennen, dass dieser Glaubenssatz keine Tatsache ist. Wir denken, so ein Glaubenssatz wäre eine unverrückbare Tatsache wie das Amen in der Kirche. Doch Fakten sind immer nur Meinungen, ganz egal was Wissenschaftler, Lehrer oder Nachrichtenmoderatoren Ihnen erzählen. Sie begrenzen unsere Wirklichkeit nur so lange, bis wir gelernt haben, sie zu transzendieren.

Leben als übergroße Comicfigur

> »Die Funktion des Bewusstseins besteht darin, unsere Glaubenssätze und die Realität, die wir erleben, in Übereinstimmung zu bringen.«
>
> *Bruce Lipton, Autor des Buches* Intelligente Zellen

Statt unser Denken und Bewusstsein zu nutzen, um zu imaginieren, zu expandieren und zu erschaffen, benutzen wir diese Superkraft, um die Daten zu verwalten, die wir aus unserer Kultur downloaden, diese Daten, durch die das machtvolle, magische Jetzt verschleiert und für uns unsichtbar gemacht wird. Jedes Atom, jedes Molekül, jede Energiewelle unseres Daseins pulsiert vor schöpferischer Lebenskraft. Aber statt diesen mächtigen Zauber zu nutzen, um brillante Manifestationen hervorzubringen, richten wir ihn gegen uns selbst.

Ich nenne es das »Baby-Huey-Prinzip«. In meiner Kindheit gab es eine beliebte Comicfigur namens Baby Huey, ein naives, übergroßes Entenküken in Windeln. Weil Huey geistig ein Baby war, aber über die Kräfte eines Sumoringers verfügte, verursachte er ständig Probleme. Er warf versehentlich Dinge um und beschädigte fremdes Eigentum. Er war sich seiner übermenschlichen Kräfte nicht bewusst. Und genau so geht es den meisten von uns!

Unser Bewusstsein ist so groß und stark wie ein Sumoringer, aber weil wir das nicht wissen, vergeuden wir diese Fähigkeiten und richten dadurch Schaden an. Der einzige Grund dafür, dass die Welt so »bleibt«, wie sie gegenwärtig ist, besteht darin, dass wir unsere enormen Baby-Huey-Fähigkeiten damit vergeuden, auf Dinge zu starren, die uns nicht gefallen. Wenn wir unsere vermeintlichen Probleme analysieren und versuchen, sie zu beseitigen, verstopfen wir dadurch nur unsere Energiebahnen und blockieren den »Flow«.

Sobald wir damit aufhören, zu werten und zu urteilen, entsteht eine Leere und Offenheit, in der das Feld des unendlichen Potenzials für uns zugänglich wird.

Die kollektive Trance

> »Ihr verbringt euer ganzes Leben in einem Labyrinth, dem ihr eines Tages zu entkommen hofft. Ihr nutzt die Zukunft lediglich, um der Gegenwart zu entfliehen.«
>
> *John Green, Autor des Romans* Das Schicksal ist ein mieser Verräter

Unsere Glaubenssätze darüber, wie die Welt funktioniert, sind wie Blitzableiter, die »Beweise« dafür in unseren Erfahrungsbereich ziehen, dass diese »Glaubenssätze« tatsächlich harte und nackte Tatsachen wären. Wie schon erwähnt, besteht nun das Problem darin, dass diese Manifestationsenergie nicht zwischen

8. Experiment

echten Fakten und imaginierten Fakten unterscheiden kann. Glaubenssätze, ob sie von uns selbst erschaffen werden oder aus dem vorherrschenden Paradigma unserer Kultur stammen, verwirklichen sich in physischer Form.

Die Hypnose ist hierfür ein gutes Beispiel. Ein Hypnotiseur kann einer Versuchsperson sagen, ein Eiswürfel wäre ein Stück glühende Kohle, und sie wird Brandblasen entwickeln. Oder er kann sagen, ein kleiner Notizblock sei zu schwer, um ihn vom Tisch hochheben zu können, und dann wird die hypnotisierte Person dazu nicht in der Lage sein, sosehr sie es versucht. Wenn der Hypnotiseur der Versuchsperson sagt, sie hätte gerade eine Tüte Big Macs gegessen, wird sich ihre Blutchemie so verändern, als hätte sie tatsächlich diese Big Macs verspeist.

In seinem bemerkenswerten Werk *Das Holographische Universum* erzählt Michael Talbot die Geschichte von Tom, dem unter Hypnose gesagt wurde, seine Tochter Laura würde unsichtbar sein, wenn er aus der Trance aufwachte. Obwohl Laura unmittelbar vor Tom stand und angesichts der Absurdität der Situation laut kicherte, konnte Tom sie weder sehen noch hören. Der Hypnotiseur nahm eine Taschenuhr und hielt sie hinter Lauras Rücken. Dann fragte er Tom, ob er sehen könne, was er in der Hand hielt. Tom beugte sich vor, starrte durch seine Tochter hindurch und war nicht nur in der Lage, die Uhr zu erkennen, sondern auch den Schriftzug darauf.

Dieses Experiment stellt alles infrage, was wir über feste Materie zu wissen glauben. Und es deutet darauf hin, dass das, was wir sehen und erleben, möglicherweise nichts weiter als eine kollektive Entscheidung ist, die wir alle getroffen haben – eine Form von Massenhypnose.

Mehr als eine kleine weiße Pille

»In unseren Gedanken liegt mehr Medizin als in vielen der erstaunlichen Durchbrüche unserer Zeit.«

Kris Carr, Autorin des Buches Crazy sexy gesund

Weil unsere Glaubenssätze und Erwartungen so mächtig sind, können Placebos (Scheinbehandlungen wie Zuckerpillen, Salzinjektionen und vorgetäuschte Operationen) bewirken, dass glatzköpfigen Männern Haare wachsen, hoher Blutdruck sinkt, Geschwüre heilen, der Dopamin-Pegel ansteigt, ja sogar Tumore schrumpfen. Und obwohl die Pharmakonzerne das lieber unter den Teppich kehren wollen, können Placebos Symptome genauso wirkungsvoll lindern wie echte Medikamente. Mit anderen Worten, unser Glaube ist es, der die Heilung bewirkt.

Noch schwerer zu akzeptieren ist vermutlich der Noceboeffekt, der böse Zwilling des Placebos, bei dem dunkle Erwartungen dunkle Realitäten hervorbringen.

In einer klinischen Arzneimittelprüfung nach der anderen berichten die Versuchspersonen, dass die Nebenwirkungen, über die man sie aufgeklärt hatte, auch dann eintraten, wenn ihnen ohne ihr Wissen ein Placebo verabreicht worden war. Bei einer Studie über Fibromyalgie mussten volle elf Prozent der Probanden, die Placebos erhalten hatten, wegen erheblicher Nebenwirkungen das Experiment vorzeitig abbrechen. Allein ihre Gedanken hatten die Symptome erzeugt.

Nach dem Nervengas-Anschlag in Tokio im Jahr 1995 waren die dortigen Krankenhäuser überfüllt mit Patienten, die über Übelkeit, Schwindel und andere der in den Medien beschriebenen Symptome klagten, obwohl sie dem Gas gar nicht ausgesetzt gewesen waren. Nachdem ein Lehrer einer Highschool in Tennessee über Benzingeruch und Benommenheit geklagt hatte, wurde die Schule evakuiert und hundert Schüler wurden in die Notaufnahme eingeliefert, von denen achtunddreißig über Nacht im Krankenhaus bleiben mussten. Bei einer gründlichen Untersuchung der Schule entdeckte man keine gefährlichen Chemikalien, kein Benzin und keine andere Ursache für die Symptome – außer Glauben und Erwartung.

Placebos sind natürlich physikalisch unwirksam, und dennoch ist ihr Effekt so real, dass sogar biochemische Veränderungen im Körper ausgelöst werden. Das sollte Sie veranlassen, einmal darüber nachzudenken, wie »real« Fakten in Wirklichkeit sind.

Der Geist und die Wirkung von Milchshakes

»Ich denke nicht, dass wir der Rolle, die unsere Glaubenssätze
bei der Festlegung unserer Physiologie und unserer Realität
insgesamt spielen, genügend Aufmerksamkeit schenken.«

Alia Crum, klinische Psychologin an der Columbia Business School

NPR sendete im Mai 2014 eine faszinierende Reportage, die verdeutlicht, wie sehr unsere Glaubenssätze unsere Physiologie beeinflussen. Die klinische Psychologin Alia Crum mixte eine Riesenmenge Vanille-Milchshake. Eine Hälfte davon wurde in Flaschen abgefüllt, auf deren Etikett stand, es handele sich um ein kalorienarmes Getränk, fettfrei, zuckerfrei und mit nur 140 Kalorien. Auf den Flaschen, in die die andere Hälfte der Rezeptur abgefüllt wurde, stand zu lesen, der Shake habe einen hohen Zucker- und Fettgehalt und 620 Kalorien. In Wahrheit jedoch hatte das Getränk etwa 300 Kalorien. Vor und nach dem Genuss des Shakes maß man bei den Versuchspersonen den Ghrelin-Spiegel. Die Ärzte nennen das Hormon Ghrelin das »Hungerhormon«, weil es im Darm freigesetzt wird und unserem Körper signalisiert, wann es Zeit zu essen ist. Es verlangsamt außerdem unseren Stoffwechsel, falls die Nahrungssuche nicht erfolgreich verläuft. Nach dem Essen sinkt der Ghrelin-Spiegel wieder ab. Das signalisiert dem Körper, dass wir satt sind und es Zeit ist, den Stoffwechsel zu beschleunigen.

Crum, die schon seit Langem über den Placeboeffekt forscht, fand heraus, dass der Ghrelin-Spiegel bei den Versuchspersonen, die *glaubten*, ein sehr fettreiches Getränk zu sich zu nehmen, dreimal stärker sank als bei denen, die glaubten, etwas sehr Gesundes zu trinken. Es ist offensichtlich, sagt sie, dass »unser Glaube bei allem, was wir tun, eine große Rolle spielt. Lebensmittelaufdrucke sind nicht einfach nur Aufdrucke. Sie aktivieren in uns bestimmte Glaubenssätze. Was wir für wahr halten, wird für uns wahr.«

Und das gilt nicht nur für unsere Ernährung. Schon die Vorstellung, in der letzten Nacht gut geschlafen zu haben, bewirkt, dass wir den Tag besser bewältigen. Im *Journal of Experimental Psychology* wurde eine Studie veröffentlicht, bei der 164 Studenten an ein Gerät angeschlossen wurden, das angeblich, so wurde ihnen gesagt, anzeigen sollte, wie viel Zeit sie im REM-Schlaf verbracht hatten, jener Schlafphase, die bewirkt, dass wir ausgeruht aufwachen. Der einen Gruppe sagte man, sie hätte überdurchschnittlich gut geschlafen, während man der Vergleichsgruppe sagte, sie leide unter Schlafmangel, weil sie nicht die nötige Dosis an REM-Schlaf bekommen hätte. Dann mussten beide Gruppen eine Testaufgabe lösen. In Wirklichkeit wusste niemand, wie gut die Versuchspersonen geschlafen hatten, denn das Gerät war eine Attrappe. Jene Teilnehmer, denen gesagt worden war, dass sie besonders gut geschlafen hätten, schnitten bei dem Test deutlich besser ab als die »müde« Vergleichsgruppe.

Die Moral dieser Geschichte? Selbst wenn du nicht genug Schlaf bekommen hast, tust du dir absolut keinen Gefallen, wenn du laut darüber jammerst, wie müde du bist.

In einer anderen Studie fand man heraus, dass eine Gruppe von Zimmermädchen, denen gesagt worden war, ihre Arbeit wirke sich körperlich so positiv aus wie ein vollwertiges Sporttraining, Gewicht verlor sowie bessere Blutdruck- und Körperfettwerte aufwies. Der Vergleichsgruppe wurde nichts dergleichen gesagt, und bei ihr zeigte sich dementsprechend auch keine dieser positiven Wirkungen.

Anekdotische Beweise

> »Nicht unser körperlicher Zustand schränkt uns ein.
> Es sind unser Denken und unsere Wahrnehmung,
> die die Grenzen ziehen.«
>
> *Dr. Ellen Langer, Professorin für Psychologie
> an der Harvard-Universität*

1981 brachten Ellen Langer und ihre Harvard-Kollegen zwei Gruppen älterer Herren in ein Kloster in New Hampshire. Dort sagte man ihnen, sie sollten sich vorstellen, noch einmal im Jahr 1959 zu leben. Die Versuchspersonen, alle über siebzig oder achtzig Jahre alt, wurden in ihrem Spiel dadurch unterstützt, dass die Räume mit Erinnerungsstücken aus jener Zeit dekoriert waren. Es lagen alte Ausgaben des *Life*-Magazins und der *Saturday*

Evening Post herum. Es gab Schwarz-Weiß-Fernseher und ein altes Radio. Die Männer redeten über Mickey Mantle, den Start des ersten amerikanischen Weltraumsatelliten, Castros triumphalen Einzug in Havanna, Nikita Chruschtschow und die Notwendigkeit von Atombunkern. Sie schauten sich sogar den Film *Anatomie eines Mordes* mit James Stewart in der Hauptrolle an, der 1959 in die Kinos gekommen war.

Vor und nach der einwöchigen Vergangenheitssimulation unterzog man die alten Herren einer Reihe von kognitiven und physiologischen Tests. Die Ergebnisse waren so dramatisch, dass sogar Langer, die bereits vermutet hatte, dass unser Altern von bestimmten fixen Ideen beeinflusst wird, vollkommen verblüfft war. Durch die Bank zeigte sich bei allen Versuchspersonen eine Verbesserung von Körperhaltung, Gewicht, Gehör, Sehkraft und sogar der Leistungsfähigkeit bei Intelligenztests. Ihre Gelenke waren beweglicher, die Schultern breiter, die Finger agiler und weniger durch Arthritis verkrümmt. »Der Körper folgt stets unserer geistigen Vorstellung«, sagte Langer. »Am Ende des Experiments spielte ich mit diesen Männern Football. Einige von ihnen benötigten ihre Gehstöcke nicht mehr.«

Die Methode

> »Das Unterbewusstsein fragt nicht, ob Ihr Gefühl wahr oder falsch ist. Es akzeptiert stets das als wahr, was Sie als wahr empfinden.«
>
> *Neville Goddard, aus Barbados stammender Pionier des Neuen Denkens*

Bei diesem Experiment werden Sie sich Ihr eigenes Placebo erschaffen.

8. Experiment

- Wählen Sie zunächst ein körperliches Problem aus, das Sie positiv beeinflussen möchten. Vielleicht leiden Sie häufig unter Kopfschmerzen. Vielleicht ist Ihr Magen gereizt. Oder Sie möchten gerne ein, zwei Kilo abnehmen. Oder etwas gegen Ihre Tränensäcke unternehmen.

Für dieses Experiment ist es am besten, ein körperliches Problem auszuwählen (weil es sich leichter dokumentieren lässt), aber der Placeboeffekt wirkt ebenso gut bei emotionalen Problemen. Ich würde sogar sagen, dass körperliche Beschwerden, wenn man ihnen wirklich auf den Grund geht, verdeckte emotionale Probleme sind. Aber im Interesse der wissenschaftlichen Forschung wählen wir etwas Körperliches aus, das sich klar identifizieren und dokumentieren lässt.

- Gießen Sie sich jetzt ein Glas Wasser ein, reiben Sie Ihre Handflächen gegeneinander, um Wärme und Energie zu erzeugen, und halten Sie sie 15 Sekunden lang über das Glas. Voilà! Das ist Ihr Heilmittel.

- Trinken Sie es langsam und konzentrieren Sie sich dabei auf seine heilende Wirkung. Tun Sie so, als hätte Ihr Hausarzt (oder eine andere Autorität) es Ihnen verschrieben.

- Wiederholen Sie diese Behandlung an drei aufeinanderfolgenden Tagen.

Und denken Sie daran, was die Harvard-Wissenschaftlerin Ellen Langer in unzähligen Studien nachgewiesen hat: Nicht das Placebo besitzt die Heilwirkung, sondern Ihre geistige Erwartung ist die Ursache. Um es mit Langers Worten zu sagen: »*Sie selbst* bewirken, dass es Ihnen besser geht.«

Laborprotokoll

8. Experiment

Korollar: Das Placebo-Korollar

Die Theorie: Meine Gedanken sind unglaublich mächtig. Sie sind so mächtig, dass ich meine Realität »wegschnippen« kann, indem ich meine Aufmerksamkeit einer anderen Realität zuwende.

Die Frage: Ist es möglich, dass ich mir mein eigenes Placebo herstelle?

Die Hypothese: Wenn ich drei Tage lang täglich selbst erzeugtes, von mir mit Energie aufgeladenes Wasser trinke, wird folgendes körperliches Problem sich bessern oder verschwinden: _____.

Zeitraum: 72 Stunden

Heutiges Datum: _____   *Uhrzeit:* _____

Deadline für die Antwort: _____

Die Vorgehensweise: Es klingt verrückt, aber ich werde mein eigenes Placebo erschaffen, es drei Tage lang täglich trinken und herausfinden, ob ich so die gewünschte körperliche Veränderung herbeiführen kann.

Forschungsnotizen: _____

_____

_____

_____

_____

_____

_____

_____

_____

_____

_____

>»Das Gehirn konstruiert eine Welt,
> die auf unseren Erwartungen beruht.«
>
> *Barbara Fredrickson, amerikanische Professorin für Psychologie*

GUT GEBLOGGT, LÖWIN!

Anatomie einer Krankheit oder: die Geheimwaffe des Egos

»Ein kranker Gedanke kann das Fleisch des Körpers stärker schädigen als Fieber oder Schwindsucht.«
Guy de Maupassant, französischer Schriftsteller

Vielleicht haben Sie schon davon gehört, dass die amerikanische Psychiatric Association in diesem Jahr ein neues Handbuch zur Diagnose geistiger Erkrankungen veröffentlicht hat. Und vermutlich wird es Sie nicht überraschen, dass in diese fünfte Ausgabe einige neue »Krankheiten« aufgenommen wurden. Die erste Ausgabe, erschienen 1952, enthielt sechsundzwanzig allgemeine mentale Störungen. In der aktuellen Ausgabe sind es über vierhundert.

Ich möchte nicht mit Ihnen darüber streiten, ob wir heute sechzehn Mal verrückter sind als damals, aber ich habe beobachtet, dass Krankheiten in aller Regel im Geist ihren Ursprung haben. Werbefachleute wissen das. Steven Pressfield, Autor eines meiner Lieblingsbücher (*The War of Art*), erzählte, dass sein Chef in einer Werbeagentur an der Madison Avenue ihn anwies, eine Krankheit zu erfinden, weil »wir uns dann mit ihrer Behandlung dumm und dämlich verdienen können«.

Ein Kurs in Wundern zufolge, meiner wichtigsten spirituellen Praxis, ist unser physischer Körper ein Werkzeug, das vom Ego dazu benutzt wird, die Wahrheit zu verschleiern und die dem Körper innewohnenden natürlichen Selbstheilungskräfte zu verbergen.

Das geht so:

1. Sie bemerken, dass etwas nicht stimmt.

2. Sie fangen an, sich auf dieses Symptom zu konzentrieren.

3. Sie fragen sich, was »es« sein könnte (statt auf die Wahrheit zu vertrauen, dass Sie ein Kind des Höchsten sind und Gesundheit Ihr natürliches Erbe ist).

4. Sie fangen an, Energie, Zeit und Geld in Ihre Krankheit zu investieren.

5. Sie geben ihr einen Namen.

6. Sie googeln Ihre Krankheit, erzählen Ihren Freunden davon und gehen in eine Selbsthilfegruppe.

Jill Bolte Taylor, eine in Harvard ausgebildete Neuroanatomin, sagt, dass ein Gedanke, dem wir keine Aufmerksamkeit schenken, in neunzig Sekunden wieder aus dem Gehirn verschwindet.

Es sei denn, Sie beschließen, die sechs oben genannten Schritte anzuwenden.

Nur als kleiner Hinweis ...

9. EXPERIMENT

DAS YABBA-DABBA-DOO-KOROLLAR
oder
TRANSZENDENZ IST DAS DING, BABY!

MEM: Das Leben ist Mist, und am Ende lauert der Tod.

WELTBILD 2: *Das Leben ist wunderbar, und ich kann gar nicht wirklich sterben.*

> »Zu glauben, diese physikalische Welt wäre alles,
> was zählt, ist, als würde man sich in einem
> Schrank einschließen und denken,
> jenseits seiner Wände wäre das Nichts.«
>
> *Eben Alexander, amerikanischer Neurochirurg*
> *und Autor des Buches* Blick in die Ewigkeit

Die Prämisse

Als Kind liebte ich *Familie Feuerstein*. Ich konnte mir noch so oft anschauen, wie Dino Fred austrickste, stets musste ich lachen, wenn Fred aus seinem Haus ausgesperrt wurde. Ich genoss es, mit ihm im Chor »Wilmaaa!« zu schreien.

Dieses Korollar habe ich nach meinem Lieblings-Höhlenmenschen benannt – oder, besser gesagt, nach seinem legendären Ausruf –, weil wir in diesem Experiment darum bitten werden, dass uns ein Blick auf die andere Seite gewährt wird, auf das innere Heiligtum. Wir werden uns für jene Wahrheit öffnen, von der wir zwar immer wieder hören, die uns aber häufig unerreichbar scheint.

Während der nächsten 72 Stunden werden Sie wie Fred Feuerstein an die Tür klopfen und darauf vertrauen, dass Sie wenigstens für einen Moment einen ungestörten Blick auf die unergründliche Wahrheit Ihres Seins werfen und sehen können, wie das Leben wirklich ist.

Für die meisten von uns ist das Leben wie ein Spiegelkabinett, verzerrt und illusionär. Sie sind sich des intensiven, lebendigen Energiefelds nicht bewusst, von dem wir umgeben sind und das uns durchströmt wie ein sprudelnder Fluss. Dieses Feld, diese Dauerwerbesendung der Liebe, ist rund um die Uhr frei für uns zugänglich, und es möchte, dass wir es nutzen und zum Ausdruck bringen. Es ist das Fundament unseres Seins und unserer unbegrenzten Möglichkeiten.

Und hier kommt die gute Nachricht: Wir *glauben* nur, wir wären ausgesperrt. Wir sind draußen und rufen »Wilmaaa!«, weil wir das Leben durch die Linse unserer Ängste betrachten, durch die geistigen Konstrukte, die wir errichtet haben. Wir handeln aufgrund unserer zwanghaften Glaubenssätze und Verhaltensmuster und sperren uns gegen das wahre Leben. Unser Bewusstsein wiederholt ständig alte *Feuerstein*-Folgen.

Aber wie Fred sind wir die Dummköpfe, die sich selbst aussperren. Wir selbst sind es, die sich von der unerschöpflichen Liebe abschneiden. Dabei ist diese Liebe uns so nah wie die Luft, die wir atmen.

Diese Wahrheit, dieses leuchtende X, kann uns führen, heilen und all unsere Bedürfnisse stillen. Wir müssen nur unseren inneren Widerstand aufgeben und die Tür öffnen.

9. Experiment

Justiere dich, dann findest du ES

»Bringe dich in Einklang mit dem Quantenfeld,
dann wirst du strahlen wie die Sonne.«

*Russell Brand, für Schlagzeilen
sorgender britischer Schauspieler*

Komm, wir essen, Großmama!

Komm, wir essen Großmama!

Diese beiden Sätze trennt lediglich ein fehlendes Komma, und doch unterscheiden sie sich so sehr wie eine Lebensmittelwerbung und ein Kannibale.

Und darum geht es in diesem Abschnitt: Feinjustierung. Die kleinen Dinge korrigieren, sodass Ihre energetische Schwingung sich Stück für Stück dem majestätischen Feld des unendlichen Potenzials annähert. Das FP ist grenzenlos und keinem physikalischen Gesetz unterworfen. Die beste Wunderwaffe in unserem »Batman-Gürtel« ist es, dass wir unsere Gedanken und Emotionen auf das FP justieren.

Wenn unsere Schwingung oder Energiefrequenz klar, offen und liebevoll ist, entfaltet sich das Leben mühelos. Operieren wir dagegen auf einer verzerrten Frequenz, stoßen wir dauernd auf Widerstände und Widrigkeiten aller Art. Auch wenn die meisten von uns sich darauf trainiert haben, Energie und alles andere, was in unserer Kultur als inakzeptabel gilt, *nicht* zu sehen, würden wir, wenn wir es sehen *könnten*, rasch erkennen, dass das, was wir »Probleme« nennen, lediglich Energieblockaden sind – ob es sich nun um unsere Gesundheit, Beziehungen oder finanzielle Dinge handelt.

Unsere energetische Schwingung wirkt wie ein Filter, der je nachdem, wie er eingestellt ist, grünes Licht für das Gute gibt oder es als etwas »dort draußen« abblockt. Haben wir uns aber einmal auf eine klare, fröhliche Frequenz eingestimmt, wendet sich unser Leben auf wunderbare, magische Weise zum Guten.

Und auch wenn im Weltbild 1.0 etwas anderes behauptet wird, ist es viel wirkungsvoller, die materielle Welt durch Anhebung unserer Energiefrequenz zu beeinflussen als durch physische Anstrengung. Es handelt sich dabei nicht um esoterischen Wohlfühl-Hokuspokus, auch wenn Sie sich unendlich viel besser fühlen werden, wenn Sie Harmonie zum FP herstellen. Das Ganze beruht vielmehr auf den – wenn auch noch nicht völlig verstandenen – Gesetzmäßigkeiten der Quantenphysik.

Ein Grad Abweichung genügt, damit ein Airline-Pilot die Landebahn verfehlt. Wenn Sie aus einem Abstand von lediglich einer Meile um ein Grad von Ihrem Flugkurs abweichen, verfehlen Sie den vorgesehenen Aufsetzpunkt um achtundzwanzig Meter. Fliegen Sie sechzig Meilen mit einer Kursabweichung von einem Grad, verfehlen Sie das Ziel schon um eine ganze Meile. Bei einem Flug von Los Angeles nach New York würde eine unbedeutend scheinende Kursabweichung von lediglich einem Grad bewirken, dass der Endpunkt des Fluges vierzig Meilen vom Zielflughafen entfernt im eiskalten Atlantik läge.

Beim Vertrag für dieses Buch bestand ich darauf, die Formulierung »*falls* eine bestimmte Auflage erreicht wird ...« zu ändern in: »*ab* einer bestimmten Auflagenhöhe ...«. Das war eine Feinjustierung meiner Zukunft. Wenn Sie sich selbst und anderen aufmerksam zuhören, selbst jenen, die überzeugte Jünger des

Gesetzes der Anziehung sind, werden Ihnen immer wieder Worte auffallen, die nicht in Richtung unserer Wünsche segeln.

Halten Sie das bitte nicht für Wortklauberei. Solche kleinen Korrekturen unserer Denk- und Sprechmuster sind einfach, können aber große Auswirkungen auf unser Leben haben und uns schnell wieder auf Kurs bringen.

Geisteshaltungen, die Wunder wirken

> »Wenn wir einen Schritt tun,
> tut das Universum zehntausend Schritte.«
> *Mike Dooley, Schöpfer der* Grüße vom Universum

Justierung 1:
»Ich *tue* es«, statt: »Ich *muss* es tun.«

Statt zu denken: Ich *muss* etwas tun, ist es immer klug, eine bewusste Entscheidung zu treffen und dann zu sagen: Ich tue es. Wenn Sie sich bewusst entscheiden, etwas zu tun, wird es dadurch für Sie zu einer Gelegenheit, zu lernen und sich weiterzuentwickeln.

Diese kleine Korrektur in der Wortwahl genügt oft schon, um Ihrem Leben eine neue Richtung zu geben: Ich *gehe* arbeiten, statt: Ich *muss* arbeiten gehen. Ich *führe* jetzt dieses schwierige Gespräch mit meiner Frau, statt: Ich *muss* dieses Gespräch führen. Ich *gehe* zum Arzt, statt: Ich *muss* zum Arzt.

Ich habe dieses hässliche Gerücht gehört, dass es dort draußen doch tatsächlich Leute gibt, die nicht gerne arbeiten gehen. Leute, die es hassen, wenn das Wochenende zu Ende geht. Ich habe sogar gehört, dass am Montag mehr Leute einen Herzanfall erleiden als an jedem anderen Wochentag.

Da meine Arbeit (dieses Wort trifft es für mich nicht wirklich, *denn ich liebe meinen Job*) heute darin besteht, Ihnen Justierungen, also Korrekturen und Feineinstellungen, Ihres Sprachgebrauchs vorzuschlagen, empfehle ich folgenden Alternativsatz: Gott sei Dank, es ist Montag!

Beginnen Sie Ihre Arbeitswoche so: *Ich freue mich, dass ich heute wieder Geld verdienen kann!*

Justierung 2:
»Was geht noch?«, statt: »Es ist, wie es ist.«

Wenn Sie die Regeln lockern und sich von all diesen »Tatsachen« lösen, die man Ihnen in der Schule beigebracht hat, all den Mustern, die Sie in Familie und Gesellschaft gelernt haben, wird eine ganz andere Wirklichkeit für Sie sichtbar werden. Der einzige Grund dafür, dass Ihr Leben heute genauso aussieht wie gestern, besteht darin, dass Sie Energie in diesen Ist-Zustand investiert haben. Sie stecken in zur Gewohnheit gewordenen Wahrnehmungsmustern fest. Es entgehen Ihnen alle möglichen Wunder, weil Sie sich ausschließlich auf das »Bekannte« konzentrieren.

Statt sich auf das immer Gleiche und Vertraute zu konzentrieren, können Sie fragen: »Was kann ich Neues erleben und entdecken?« So tun, als ob, wie wir es als Kinder gemacht haben, ist ein viel heiligerer Kurs. Was wir heute für »real« halten, ist einfach das, von dem wir glauben, es wäre wahr.

Statt die alte Leier des »Es ist, wie es ist« nachzubeten, sollten Sie Fragen wie diese stellen:

- »Was könnte im nächsten Moment geschehen?«

- »Was ist möglich, wenn ich mein gewohntes Wissen hinter mir lasse?«

- »Wie würde mein Leben aussehen, wenn ich alle meine bisherigen Glaubenssätze aufgebe?«

- »Was wäre, wenn alles perfekt ist?«

Richard Bartlett, der Autor von *Matrix Energetics*, sagt dazu: »Wenn wir unsere Vorstellung davon, was möglich ist, verändern, statt uns von einem Wirklichkeitskonstrukt beherrschen zu lassen, mit dem wir uns enge Grenzen auferlegen, entdecken wir, dass wir in der Lage sind, im Alltag Quantenenergien und -prinzipien anzuwenden, und zwar auf überraschende, fröhliche – und wunderbare – Weise.«

Justierung 3:
»Was wäre, wenn?«, statt: »Warum kann ich das nicht?«

Wenn Sie fragen: »Warum kann ich das nicht?«, sammeln Sie nutzlose Daten. Wenn Sie eine andere Frage stellen, einen anderen Referenzrahmen anwenden, erhalten Sie andere – und, da bin ich überzeugt, bessere – Informationen.

Wenn Sie es sich angewöhnen, starke, offene Fragen zu stellen, trainieren Sie Ihre rechte Gehirnhälfte darauf, auf Signale aus Ihrem Unterbewusstsein zu hören. Hier sind einige meiner »Was wäre, wenn«-Fragen, die Sie sich gerne ausleihen dürfen:

- »Was wäre, wenn eine Sofortheilung bei Krebs möglich wäre?«

- »Was wäre, wenn ich morgen aufwache und jünger aussehe?«

- »Was wäre, wenn das Leben immer besser und besser werden kann?«

- »Was wäre, wenn ich jeden Tag ganz frisch und neu beginne?«

Es ist wie ein Kartendeck. Decken Sie eine Realität auf, *jede* Realität.

Justierung 4:
»Dort, wo das herkommt, gibt es noch mehr«,
statt: »Es ist nicht genug da.«

Die meisten von uns neigen dazu, an Grenzen und Mangel zu glauben. Statt uns der Unerschöpflichkeit der göttlichen Quelle bewusst zu sein, treten wir auf die Bremse und sorgen uns, weil wir alles, was wir zum Leben brauchen, für knapp halten.

Als die vier Kinder meiner Freundin Clara klein waren, dachte sie ständig: *Ich habe nie genug Zeit.* Nachdem Clara sich das mehrere Jahre lang erschaffen hatte, war es für sie Wirklichkeit.

Doch dann bejahte sie: »Ich habe immer genug Zeit.«

»Das war wirklich lustig«, erzählt sie. »Die Tage hatten immer noch vierundzwanzig Stunden, aber alles änderte sich für mich.

Plötzlich hatte ich genau das, was ich in mein Leben gerufen hatte: genug Zeit.«

Justierung 5:
»Das ist ein Kinderspiel«, statt: »Das ist schwer.«

Es gibt ein Wort mit sechs Buchstaben, das für mich zu den gefährlichsten Wörtern überhaupt zählt. Besonders dann, wenn Sie es mit etwas verknüpfen, das Sie gerne erreichen oder meistern wollen – zum Beispiel abnehmen, zu Geld kommen oder ein tolles Date erleben.

Ich meine das Wort »schwer« in Sätzen wie »Es ist schwer ...« (suchen Sie sich Ihr Gift aus). Weil unsere Glaubenssätze so mächtig sind und buchstäblich unser Leben gestalten von Augenblick zu Augenblick, ist es extrem kontraproduktiv, zu glauben (und es auch noch laut auszusprechen), etwas wäre schwer. Wenn wir erwarten, dass etwas für uns schwer sein wird, erschaffen wir die entsprechende Realität. Ich für meinen Teil ziehe es vor, mir ein Leben zu erschaffen, in dem ich einfach Türen und Fenster weit öffne und die Quelle und alle ihre Segnungen frei hereinströmen lasse.

Meine wundervolle Kollegin und Freundin Annola Charity hat mir einen Staples Easy Button geschenkt. Wenn man auf diesen zehn Zentimeter großen roten Knopf drückt, sagt eine Stimme: »Einfach easy!« Das ist jetzt eines meiner Mantras. Ich bejahe, dass mein Leben immer besser und besser wird, je mehr Dinge ich dem Universum übergebe (dem Feld des unendlichen Potenzials, das viel klüger ist als ich).

Justierung 6:
»Ich bin mit allem verbunden«, statt: »Ich bin allein.«

Potenziell sind Sie in Kontakt mit jedem Menschen, jeder Antwort, jedem materiellen Ding, das Sie sich je wünschen könnten. Absolut alles ist für Sie verfügbar. Es ist unmöglich, diese Verbindung völlig zu durchtrennen. Stellen Sie sich vor, in einer Weihnachtslichterkette würde ein Lämpchen sagen: »Ich fühle mich von den anderen getrennt. Warum ist das so? Wie kann ich dieses große Problem beseitigen?«

Sie können das Problem beseitigen, indem Sie den Glauben aufgeben, ein Problem zu haben. Sie sind für alle Zeiten untrennbar mit dem FP verbunden – und daher mit allem, was Sie sich je wünschen können.

Wenn Sie also etwas »manifestieren« möchten, richten Sie einfach Ihre Aufmerksamkeit darauf. Alles, dem Sie Aufmerksamkeit schenken, erwacht zum Leben wie in diesen Computerspielen für Kinder: Wenn Sie mit dem Cursor auf etwas zeigen, zum Beispiel einen Geschirrschrank, öffnet sich die Tür, und eine Maus fängt an zu tanzen oder ein Ball hüpft auf und ab.

Wenn Sie Ihren Cursor auf all die Chancen und all die Liebe in Ihrem Leben richten, dann wird diese Realität lebendig. Aber wenn Sie ständig auf die Monster unter dem Bett klicken, werden auch diese nur zu gern zum Leben erwachen. Die wichtige Erkenntnis dabei ist, dass wir selbst den Cursor bedienen. Wir sind es, die entscheiden, was wir anklicken und worauf wir unsere Aufmerksamkeit richten.

9. Experiment

Anekdotische Beweise

Kandidat Nummer 43 212

> »Wenn wir versuchen, Wunder zu vollbringen,
> können wir dabei nur gewinnen.«
>
> Bernie Siegel, amerikanischer Arzt und Autor
> des Buches Wenn ein Wunder geschieht

Falls Sie einer von den fünf Menschen weltweit sind, die noch nicht von Susan Boyle gehört haben, gestatten Sie mir das Vergnügen, sie Ihnen vorzustellen.

Diese schottische Mezzosopranistin, die der Komiker Stephen Colbert bei der Grammy-Verleihung als »schrullige Achtundvierzigjährige mit überaus vernünftigen Schuhen« beschrieb, ist ein Vorbild an Transzendenz.

Sie war das jüngste von neun Kindern. Ihr Vater war Bergarbeiter. Die Familie kam nur mühsam über die Runden. Als Susan am 1. April 1961 geboren wurde, gab es Probleme bei der Entbindung, und die Ärzte sagten ihren Eltern, dass sie wegen des Sauerstoffmangels vermutlich Lernschwierigkeiten haben und es im Leben nicht weit bringen würde. An der Schule wurde sie als »Susy Simpel« verspottet.

Sie hatte einen kurzlebigen Job als Hilfsköchin und wohnte bei ihren Eltern, bis diese beide im Jahr 2007 starben. Damals war Susan sechsundvierzig.

Ein Jahr später, immer noch trauernd, bewarb sich Susan Magdalene Boyle bei der Castingshow *Britain's Got Talent*. Sie war Jahrzehnte älter als die meisten anderen Kandidaten und sah ganz bestimmt nicht so »hip« aus. Sie hatte einen starken schottischen Akzent und war optisch das totale Gegenteil heutiger Gesangsstars.

Bevor sie zu diesem heute berühmten Vorsingen nach Glasgow fuhr, hatte sie noch nie vor einem größeren Publikum als ihrer Kirchengemeinde gesungen und war noch nie Bus gefahren. Als sie in ihrer Heimatstadt Blackburn aufbrach, stieg sie zunächst sogar versehentlich in den falschen Bus.

Als sie auf die Bühne ging, erntete sie von Simon Cowell und den anderen Juroren nur müde Blicke. Sie sah aus wie die meisten von uns: durchschnittlich, ängstlich und dazu bestimmt, vergessen zu werden. Doch noch ehe sie ihre begeisternde Darbietung von »I Dreamed a Dream« aus *Les Misérables* beendet hatte, hielt es die Zuschauer nicht mehr auf den Sitzen. Es gab tosenden Beifall, und Simon Cowell war, ein einziges Mal, sprachlos.

Innerhalb von nur neun Tagen schauten sich hundert Millionen Menschen auf YouTube das Video von Susan Boyles Auftritt an, und als ein paar Monate später ihr Debütalbum auf den Markt kam, setzte es sich weltweit an die Spitze der Charts. Als bestverkauftes Debütalbum aller Zeiten in Großbritannien verdrängte es *Spirit* von Leona Lewis vom ersten Platz.

SuBo (wie die schottische Sängerin mit der großen Stimme schon bald in den Medien genannt wurde) hatte inzwischen Auftritte bei der englischen Königin, Oprah Winfrey und Papst Benedikt. Sie ist zusammen mit ihren Idolen Donny Osmond und Elaine Paige aufgetreten. Ein knappes Jahr nach Susans transzendent schönem Vorsingen wurden vom *Time magazine* die einflussreichsten Menschen der Welt gewählt. Sie kam dabei auf Platz sieben.

Dass sie nicht länger in Armut lebt, erübrigt sich zu sagen.

9. Experiment

Daher ist es völlig egal, wie lange Sie schon auf der Schattenseite des Lebens stehen oder wie durchschnittlich Sie sich fühlen. Es spielt keine Rolle, was die Ärzte sagten, welche Spitznamen Ihnen Ihre Klassenkameraden gaben oder welche Karriere Sie hatten oder nicht hatten. Es spielt noch nicht einmal eine Rolle, ob Sie in den falschen Bus steigen. Oder ob Sie sich nicht so hip und jung fühlen wie die anderen.

Denn Ihre Transzendenz ist immer da. Ihre Verbundenheit mit dem FP ist so verlässlich, wie jeden Morgen die Sonne aufgeht.

Die Methode

> »Der Weg ist nicht schwer,
> aber er ist ein ganz anderer.«
> *Ein Kurs in Wundern*

Könnten Sie den Newsticker abschalten, der ständig am Rand Ihres Bewusstseins rattert, bräuchten Sie dieses Experiment nicht. Sie wären sich der heiligen Energie des FP, in der Sie leben, ständig bewusst – und der Wahrheit Ihres ewig expandierenden Wohlseins.

Die meisten von uns glauben stattdessen, sie müssten auf den richtigen Moment warten. Die Sterne müssen günstig stehen. Beim Lotto müssen die richtigen Zahlen gezogen werden. Aber das FP ist hier, jetzt, umgibt uns, überschüttet uns mit Frieden, Freude und Liebe.

Bei diesem Experiment geht es nicht darum, etwas zu bekommen. Es geht viel mehr darum, zuzulassen. Sich für die Wahrheit zu öffnen. Um dieses Experiment richtig durchführen zu können, müssen Sie sich von Ihren Ängsten lösen. Sie müssen die irrige Annahme aufgeben, die Realität sei furchteinflößend oder unerfreulich. Bei diesem Experiment suchen wir nach nichts, sondern es ist wie ein Schweißbrenner, der alles entfernt, was nicht real ist.

Hier sind die einzelnen Schritte:

1. Bitten Sie das FP aufrichtig und inbrünstig um eine transzendente Erfahrung. Bitten Sie darum, dass die Transzendenz für Sie klar und eindeutig erfahrbar wird. Schon viele haben versucht, Transzendenz zu erklären (Kant zum Beispiel nannte sie das, was »im Jenseits der Sinnenwelt liegt«), aber sie ist so groß und so außergewöhnlich, dass sie sich mit Worten nur sehr unzureichend beschreiben lässt. Es genügt zu sagen, dass Sie merken werden, wenn Sie dorthin gelangen.

2. Jedes Mal wenn Sie während der nächsten drei Tage vor einem Spiegel stehen (was bei uns in der westlichen Welt viel zu oft der Fall ist), schauen Sie sich tief in die Augen und wiederholen Sie: »Das ist nicht das, was ich wirklich bin. Ich bin so viel mehr als dieser begrenzte Körper.« Damit schaffen Sie sich in Ihrer Realität etwas Spielraum.

3. Gönnen Sie sich den Luxus, sich ganz in das Gefühl fallen zu lassen, dass Sie geliebt werden, dass immer gut für Sie gesorgt ist und es Ihnen an nichts fehlt. Lassen Sie sich in diese liebevolle Fürsorge hineinsinken wie in eine dick und weich gepolsterte Couch.

4. Spüren Sie so oft wie möglich das Pulsieren der Energie in Ihrem Körper. Wenn Sie, statt ständig zu denken, auf Ihren Körper achten, werden Sie diesen Energiefluss spüren, der Sie durchströmt. Ich nenne es »das große Glücksrauschen«.

5. Wenn Sie Ihrem überaktiven Verstand weniger Aufmerksamkeit schenken, werden Sie etwas Fließendes in Ihnen bemerken, eine neue Offenheit, ein weicheres, weniger starres Selbstgefühl. Sie werden eintauchen in einen neutralen, endlosen Ozean grenzenloser Möglichkeiten.

Laborprotokoll

9. Experiment

Korollar: Das Yabba-Dabba-Doo-Korollar

Die Theorie: Es gibt eine unsichtbare energetische Kraft, ein Feld unbegrenzter Möglichkeiten.

Die Frage: Wenn es tatsächlich einen unsichtbaren Fluss des Lebens gibt, ein Kraftfeld, das der Ursprung der Blaupause meines Lebens ist, warum bin ich mir dessen so selten bewusst? Und ist es möglich, dass ich mich wieder in das Feld einklinken kann?

Die Hypothese: Wenn ich den Widerstand gegen das aufgebe, was sich durch mich auszudrücken versucht, werde ich einen Blick darauf erhaschen, was das Leben wirklich ist.

Zeitraum: 72 Stunden

Heutiges Datum: _____ *Uhrzeit:* _____

Deadline für die Antwort: _____

Die Vorgehensweise: Also gut, FP, jetzt schlägt deine große Stunde! Ich erwarte, dass mir meine Verbundenheit mit dem Feld klar vor Augen geführt wird, und zwar auf große, eindrucksvolle Weise. Ich habe gehört, dass man eindeutig weiß und spürt, wenn man einen solchen Moment erlebt. Während der nächsten 72 Stunden werde ich bewusst aufnahmebereit sein, zuhören und darauf vertrauen, dass ich einen Blick auf den Fluss des Lebens erhasche.

Forschungsnotizen: _____

_____

_____

_____

_____

_____

_____

_____

_____

»Das Leben ist kein Problem, das gelöst werden muss, sondern eine Realität, die erfahren werden will.«

Søren Kierkegaard, dänischer Philosoph

GUT GEBLOGGT, LÖWIN!

Gott sei Dank, es ist Montag!

»Feiern Sie das,
wovon Sie gerne mehr erleben möchten.«

Tom Peters, Autor des Buches
Auf der Suche nach Spitzenleistungen

Es ist Zeit, auszugehen und zu feiern. Zeit, sich daran zu erinnern, wie viel Glück Sie haben. Zeit, das Heilige und Allerhöchste zu loben und zu preisen. Mein Mentor Rob Brezsny würde sagen: »Lasst uns das verbotene Glück befreien und feiern.«

Natürlich habe ich eine To-do-Liste. Tatsächlich habe ich sogar zwei.

Auf meiner Liste steht:

1. Bessere Fragen und Wünsche erträumen.

2. Diesen Tag zum besten meines bisherigen Lebens machen.

Die andere To-do-Liste ist für die Quelle, Gott, das Feld des unendlichen Potenzials.

Auf dieser Liste steht:

1. Kümmere du dich um alles andere.

NACHWORT

BONUSEXPERIMENT Nr. 10:

KOROLLAR »DIE HOCHZEIT IN KANA«
oder
Jetzt wird gefeiert!

> »Ich glaube nicht an Wunder,
> ich verlasse mich auf sie.«
>
> *Yogi Bhajan, indischer Guru*

Hurra! Hurra! Sie haben es bis hierher geschafft. Das muss gefeiert werden! Jetzt heißt es: Konfetti werfen, tanzen und jubeln! Ich weiß nicht, wie Sie es damit halten, aber in meiner Welt gehören zu einer solchen Feier Getränke für Erwachsene.

Nachdem wir all diese antiquierten Opfer- und Ohnmachtsattitüden *weit* hinter uns gelassen haben, finde ich es an der Zeit, Wasser in Wein zu verwandeln. Ja, Sie haben richtig gelesen! Das ist das Experiment für die besonders Ehrgeizigen.

Ehe Sie sich unnötig aufregen, möchte ich versichern, dass ich die erste bin, die zugeben würde, dass das eine ganz schön verrückte Idee ist. Aber ich weiß auch, dass eine neue Möglichkeit so lange für mich unerreichbar bleibt, wie mein Bewusstsein sich nicht für sie öffnet. Dass jemand die Meile in unter vier Minuten laufen könnte, galt so lange als lächerlicher Unsinn, bis Roger Bannister es am 6. Mai 1954 einfach tat (und diese Leistung wurde seither von vielen anderen Läufern wiederholt).

Hiermit berufe ich mich auf die Vier-Minuten-Meilenregel, die besagt, dass das, was ein Mensch tun kann, auch uns anderen möglich ist. Und es gab tatsächlich jemanden, der Wasser in Wein verwandelte.

In Johannes 2, 11 bittet Maria, eine typische jüdische Mutter, Jesus um Hilfe, als einer Hochzeitsgesellschaft der Wein ausgeht. Erst sträubt Jesus sich, aber dann tut er, was jeder gute jüdische Sohn tun würde, wenn seine Mutter in ihm Schuldgefühle weckt. Er lässt sechs Krüge mit Wasser füllen, klinkt sich in das Feld des unendlichen Potenzials ein und verwandelt eine Realität (Wasser) in eine andere. Er veränderte die Molekülzusammensetzung des Wassers so, dass daraus Wein wurde.

Hätte es damals schon den *Wine Spectator* gegeben, hätte dieser Wein 99,9 Punkte erhalten. Der, der das Festmahl leitete, kostete ihn und sagte, er wäre gut.

Gerüchten zufolge glauben ein paar strenge Fundamentalisten, Jesus hätte das Wasser in Traubensaft verwandelt. Aber was mich betrifft, muss es schon ein gutes Glas Cabernet sein.

Anekdotische Beweise

»Ich bete um eine Veränderung meiner Wahrnehmung,
damit ich größere und lieblichere Wirklichkeiten sehe.«

*Anne Lamott, amerikanische Romanautorin
und progressive spirituelle Aktivistin*

In China gibt es Qigong-Meister, die den Geschmack von Brandy verändern. Sie setzen Qi-Energie ein, um Brandy zu reinigen und zu verfeinern. Robert Peng, ein international angesehener Qigong-Meister, der heute in New York lebt, behauptet, dass bereits Anfänger diese simple Übung ausführen können. Er lehrt sie bei seinen Workshops und schrieb darüber in seinem Buch *The Master Key: Qigong Secrets for Vitality, Love and Wisdom*.

Er empfiehlt, den Brandy zum Vergleich in zwei Gläser zu gießen. Wie er mir erzählte, gibt es hinterher einen deutlich spürbaren Geschmacksunterschied.

Er sagt: »Wenn Sie in weniger als einer Minute mit Ihrer Willenskraft den Geschmack eines Getränks verwandeln können, was geschieht dann wohl, wenn Sie ständig negativ von sich selbst denken? Und wie wirken sich Ihre negativen Projektionen auf andere Menschen aus? Wir machen uns immer größere Sorgen wegen Luftverschmutzung, Wasserverschmutzung, elektronischer Verschmutzung und Lärmverschmutzung, aber wie viel Aufmerksamkeit widmen wir der ›Verschmutzung‹, die wir mit unserem Bewusstsein verursachen?«

Er sagt, die Grenze zwischen unseren privaten Gedanken und der Außenwelt sei durchlässig und unsere negativen Gedanken würden unsichtbare »blutige Fingerabdrücke« hinterlassen.

Die Methode

> »Ein Wunder ist, wenn eins plus eins tausend ergibt.«
>
> Frederick Buechner, Autor des Buches
> The Alphabet of Grace

Dieses Experiment beruht auf Übung 11 im Kapitel »Mastering Willpower« in Robert Pengs Buch *The Master Key*.

1. Schütten Sie Wasser in ein Weinglas. Stellen Sie es vor sich hin.

2. Reiben Sie 20 Sekunden lang die Handflächen kräftig gegeneinander. Halten Sie die Hände dann in einem Abstand von circa 30 Zentimetern zu beiden Seiten des Glases. Erzeugen Sie zwischen Ihren Handflächen ein Qi-Feld. Spüren Sie 20 Sekunden lang, wie die Energie, die aus Ihren Handflächen strömt, die Flüssigkeit durchdringt.

3. Heben Sie das Glas hoch. Halten Sie eine Hand darüber und visualisieren Sie ein strahlendes Licht, das aus Ihrer Hand in die Flüssigkeit strömt und darüber hinaus. Fühlen Sie, wie Ihre Energie fließt. Visualisieren Sie, dass das Wasser sich in Wein verwandelt. Senden Sie Ihre Energie eine Minute lang in das Wasser.

4. Stellen Sie sich vor, dass goldene Lichtstrahlen aus Ihren Fingerspitzen fließen, und nutzen Sie das Qi, um die Flüssigkeit »zu rühren« (sorry, Bond, James Bond) und zu verfeinern. Fühlen Sie, wie Ihr Qi das Wasser verwandelt. Lächeln Sie,

während Sie dies bis zu einer Minute lang gleichmäßig und entspannt tun.

5. Formen Sie mit Zeigefinger und Mittelfinger das, was Peng einen »Schwertklingenfinger« nennt, und versiegeln Sie die Energie im Glas.

6. Trinken Sie mit hemmungsloser Verzückung.

Laborprotokoll

10. Experiment

Korollar: Die Hochzeit von Kana

Die Theorie: Wenn ein Mensch etwas tun kann, dann ist es für alle möglich.

Die Frage: Ist es möglich, Wasser in Wein zu verwandeln? Wenn Jesus das wirklich getan hat, kann ich es dann auch?

Die Hypothese: Wenn ich Wasser in ein Weinglas schütte, kann ich mithilfe von Qigong-Energie daraus Wein machen.

Zeitraum: 3 Minuten

Heutiges Datum: _____ *Uhrzeit:* _____

Deadline für die Antwort: _____

Die Vorgehensweise: Ich werde die sechs Schritte des Experiments ausführen und visualisieren, was für eine tolle Party ich feiern werde.

Forschungsnotizen: _Wie Sie sehen, habe ich dieses Feld für Sie ausgefüllt, denn wer möchte sich bei einer Party schon Notizen machen? Herzlichen Dank, dass Sie offen dafür waren, mit mir diese Experimente zu wagen, und dass Sie mir helfen, das vorherrschende Paradigma zu verändern. Hören Sie jetzt nicht damit auf! Machen Sie weiter – mutig und neugierig. Wenden Sie die Prinzipien aus diesem Buch an, um mit Forschergeist neue Wege zu erkunden. Und nun – wie wäre es mit einem guten Glas Wein?_

※ ※ ※

»Wenn wir nicht von der Norm abweichen,
gibt es keinen Fortschritt.

Frank Zappa, amerikanischer Musiker

DANKSAGUNG

Es gibt mindestens sieben Milliarden Menschen*, denen ich danken möchte. Ich bin so dankbar, in dieser Zeit leben zu dürfen, in der es wirklich möglich ist, dass wir alle Nahrung und Obdach erhalten und in Frieden zusammenleben.

Da ich daran glaube, mich im Voraus für das zu bedanken, was ich mir am meisten wünsche (auf diese Weise wird es lebendig), möchte ich Ihnen allen danken, dass Sie sich entschieden haben zu tanzen, statt zu kämpfen, zu lieben, statt zu urteilen, Ihr Herz zu öffnen, statt vor dem davonzulaufen, was wir jetzt verwirklichen können.

Einigen von diesen sieben Milliarden verdanke ich mehr, als ich je auf diese Seite schreiben könnte. Aber ich werde es versuchen. Dank an:

- Reid Tracy, der all das möglich machte
- Louise und Wayne für ihre Botschaft an die Welt
- Alex Freemon dafür, dass er ein so überragender Lektor ist
- Jim Dick dafür, dass er geduldig und eine F-Typ-Persönlichkeit ist
- den ganzen Sheridan-Clan, der zusammengerechnet einen beträchtlichen Prozentsatz dieser sieben Milliarden ausmacht
- Donna Abate, Diane Ray, Pam Homan, Stacey Smith, Perry Crowe und all meine anderen neuen Freunde bei Hay House
- meine Vortex-Gruppe

- meine Power-Clique (Linda Gwaltney, Carla Mumma, Annola Charity, Elizabeth Stiers und Diane Silver) dafür, dass sie mit mir tägliche Großartigkeiten teilen

- spirituelle Unternehmer (ihr wisst, wer ihr seid)

- Joyce Barrett, die sich seit mindestens fünf Jahren mit mir zu Kaffee und Gesprächen trifft

- Rhonda Burgess, die stets weiß, wann der perfekte Zeitpunkt ist, mich zu Martinis einzuladen

- Wendy Druen und Kitty Shea, die meine treuesten Leserinnen waren und sind

- Betty Shaffer, meine beste Kameradin beim Kurs in Wundern

- alle Leserinnen und Leser von E^2, die 2013 zum – bis jetzt! – besten Jahr meines Lebens machten

- meine beste Kumpanin, Tasman McKay Grout

---

* Aktuelle Schätzung der Weltbevölkerung durch die Vereinten Nationen

9 Experimente, die Ihr Leben verändern!

Pam Grout
E²
Wie Ihre Gedanken
die Welt verändern
Neun Beweise
zum Selbsttesten

224 Seiten
€ [D] 8,99 / € [A] 9,30 / sFr 12,50
ISBN: 978-3-548-74623-4
Auch als E-Book erhältlich.
www.allegria-verlag.de

Der Kurs im Wundern war der Anfang. The Secret erklärte einst die Zusammenhänge spiritueller Prinzipien. Pam Grout hingegen lässt uns diese Gesetze selbst und direkt erfahren. Dieses Buch tritt anhand von neun Experimenten den Beweis an, dass Wunder keine Frage des Glaubens sind, sondern von uns selbst erzeugt werden.

Ein Muss für jeden, der zweifelt, und für jeden, den die Neugier plagt: Dies ist die Chance, mit den spirituellen Gesetzmäßigkeiten die Probe aufs Exempel zu machen.

Allegria

DAS 7-TAGE-ENERGIE-PROGRAMM

Jayc Jay
8 x 8 Premiumintentionen
Wohlstand und Fülle
anziehen und genießen

Das 7-Tage-Programm mit den 8 x 8 Premiumintentionen für mehr Fülle und Reichtum im Leben. Bei dieser verblüffend wirkungsvollen Methode geht es um positiv formulierte Absichten, die sogenannten Intentionen, die dabei helfen, die Beziehung zu innerem und äußerem Wohlstand auf die Frequenz persönlicher Ziele und Wünsche einzuschwingen.

128 Seiten
€ [D] 10,00 / € [A] 10,30 / sFr 11,50
ISBN: 978-3-7934-2303-4
Auch als E-Book erhältlich.
www.allegria-verlag.de

Schauen Sie auch hier:

Jayc Jay – 8 x 8 Premiumintentionen

**Das Zuhause energetisieren
und Wünsche erfüllen**
ISBN 978-3-7934-2289-1

Beziehungen glücklich leben
ISBN 978-3-7934-2290-7

MIT DEM KÖRPER IM EINKLANG

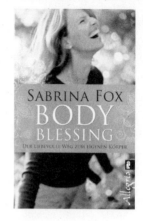

Sabrina Fox
BODYBLESSING
Der liebevolle Weg
zum eigenen Körper

Warum sehe ich so aus, wie ich aussehe? Warum zeigt mein Körper Schwächen? Warum macht er nicht, was ich will?

In der einfühlsamen und humorvollen Art, die sie zu einer Ikone der spirituellen Frauenszene gemacht hat, beschreibt Sabrina Fox, wie sie ihren eigenen Körper zu verstehen und lieben gelernt hat – dabei gibt sie den Leserinnen eine Fülle von Anregungen für den richtigen Umgang mit sich selbst und dem eigenen Körper, denn er ist ein Geschenk. Das Geschenk unserer Seele.

320 Seiten
€ [D] 8,99 / € [A] 9,30 / sFr 10,50
ISBN: 978-3-548-74577-0
Auch als E-Book erhältlich.
www.allegria-verlag.de